Richterleitbilder in der Weimarer Republik

Rechtshistorische Reihe

Bd./Vol. 4

PETER LANG
Frankfurt am Main · Bern · Las Vegas

Norbert Hempel

Richterleitbilder in der Weimarer Republik

PETER LANG
Frankfurt am Main · Bern · Las Vegas

CIP-Kurztitelaufnahme der Deutschen Bibliothek

Hempel, Norbert

Richterleitbilder in der Weimarer Republik. –
Frankfurt am Main, Bern, Las Vegas: Lang, 1978.
(Rechtshistorische Reihe; Bd. 4)
ISBN 3-261-02644-8

ISBN 3-261-02644-8

Auflage 300 Ex.

Druck: Fotokop Wilhelm Weihert KG, Darmstadt
Titelsatz: Fotosatz·Aragall, Wolfsgangstraße 92, Frankfurt am Main.
Umschlaggestaltung: Stefan Platen, Marktplatz 5, 6360 Friedberg 3.

"An irgendeinem Punkte beginnt vor seinem (des Richters) geistigen Auge die formelle Tadellosigkeit des Rechts durch die Verwerflichkeit seines Inhalts verdunkelt zu werden: wo seine Empörung ein gewisses Maß übersteigt, wird es ihm endlich ganz unmöglich zuzugestehen: es ist schlechtes Recht, immerhin Recht - er hat es an seinem Maßstabe gemessen und gefunden, es sei Nicht-Recht."

Karl Bergbohm

(aus: Jurisprudenz und
Rechtsphilosophie,
1. Band, 1892, S. 398)

Vorwort

Die vorliegende Arbeit wurde von dem Fachbereich Rechtswissenschaft der Christian-Albrechts-Universität zu Kiel als Dissertation angenommen.

Ich bedanke mich sehr bei meinem Lehrer, Professor Dr. Hans Hattenhauer, für die vielen Gespräche und Ratschläge, mit denen er geduldig das Gelingen dieser Arbeit förderte. Ihm verdanke ich auch die Aufnahme in die "Rechtshistorische Reihe" des Verlages.

Dank schulde ich auch den vielen anderen, die mir mit Rat und Tat zur Entstehung dieser Arbeit beigestanden haben.

Inhaltsübersicht

Seite

1. Einleitung

Für die deutsche Rechtswissenschaft und die Rechtsgeschichte ist das Verhalten der Juristen zu Beginn der nationalsozialistischen Herrschaft ein bisher immer noch ungelöstes Kapitel. Die Frage, warum sich die meisten deutschen Juristen bei der Machtergreifung Hitlers und besonders in den ersten Jahren des Nationalsozialismus neutral, wenn nicht gar zustimmend zum NS-Regime verhalten haben, wurde bisher nur ansatzweise beantwortet. Während vielfach im Gesetzespositivismus die Ursache für das Versagen der Juristen gesehen wird,[1] sehen andere in der Vorstellungswelt der Juristen den Grund für dieses Verhalten.[2]
In dieser Arbeit soll der Schlüssel zu diesem Verhalten nicht in der NS-Zeit selbst, sondern in der Weimarer Republik gesucht werden. Es wird der Versuch unternommen, das Richterleitbild der Juristen in der Weimarer Zeit zu erschließen. Dieses Richterleitbild soll das Selbstverständnis der Juristen in der Weimarer Republik erläutern und damit erklären helfen, warum die Juristen, die den Charakter des Nationalsozialismus dank ihrer juristischen Vorbildung und ihrer Positionen am besten und schnellsten hätten erkennen können, keinen Grund sahen, nationalsozialistische Gesetze nicht anzuwenden.[3]

1.1. Der Begriff des Richterleitbildes

Der Begriff des Richterleitbildes oder des Richterbildes findet sich bisweilen in der Literatur.[4] Eine Definition sucht man jedoch vergebens.
Über die Aufgabe des Richters in Staat und Gesellschaft ist man sich immer einig gewesen: Der Richter ist dazu da, Urteile zu fällen. Diese Urteile sollen den Frieden und die Ordnung sichern, seien beide göttlicher oder weltlicher Natur.
Mit dem Richterleitbild hat es eine andere Bewandtnis. Die Frage nach ihm läßt sich nicht ohne weiteres eindeutig beantworten. Das Richterleitbild gibt Antwort auf die Frage, nach welcher Autorität sich der Richter bei seinen Urteilen richten

soll. Die Autorität ist ein sakraler Begriff. Allein rational läßt sie sich nicht erfassen. Die Autorität bezeichnet die ursprüngliche, von keiner anderen Gewalt mehr abgeleitete Macht, die über die Rechtmäßigkeit eines Handelns entscheidet.[5] Die Autorität des Richters bei seiner Amtsführung kann ganz verschiedener Natur sein.
Eine mögliche Autorität für den Richter ist das Gesetz. In diesem Fall ist vom Richterleitbild des Gesetzespositivismus zu sprechen. Richterleitbild kann aber auch eine genau definierte Ordnung sein, die sich im Leben der Menschen von selbst verwirklicht, wie es etwa dem mittelalterlichen Recht entspricht. Die Autorität des Richters kann ebenso eine Theologie oder Philosophie darstellen. Denkbar ist auch, daß der Richter sich an dem Gefühl des Volkes oder an den Interessen eines Standes oder einer Klasse orientiert. Schließlich vermag der Richter auch für sich selbst die Autorität zu sein. Dies ist dann der Fall, wenn er seine Urteile allein nach seinen eigenen Empfindungen fällt.

1.2. Das Richterleitbild in der bisherigen Diskussion

Die Frage, wie das herrschende Richterleitbild in der Weimarer Republik ausgesehen hat, ist bis heute sehr umstritten. Die eine Auffassung geht davon aus, daß sich die Richter streng an die geltenden Gesetze gehalten haben. Sie hätten es als ihre alleinige Aufgabe verstanden, den Wertungen der Gesetze Geltung zu verschaffen. Theorie und Praxis hätten an der absoluten Gültigkeit von Gesetzen keinen Zweifel gelassen.[6] Zwei Verfasser modifizieren allerdings diese grundsätzliche Einstellung. Weinkauff ist der Auffassung, in der Aufwertungsfrage habe sich eine Abkehr vom Gesetzespositivismus vollzogen. Dies sei aber keine Umkehr gewesen, sondern eher ein Betriebsunfall der sonst ungebrochenen positivistischen Tradition.[7] Auch bei Rüthers klingen Zweifel an, ob der Positivismus absolut herrschend war. Die Rechtsprechung der Gerichte nach der nationalsozialistischen Machtergreifung sei, so erläutert er, mit der Idee des

Gesetzespositivismus nicht zu vereinbaren gewesen.[8] Dies legt den Schluß nahe, daß wenige Jahre zuvor der Gesetzespositivismus auch nicht unumschränkt hat herrschen können.
Die andere Meinung hält das Verhältnis des Richters zum Gesetz für ambivalent und konfliktgeladen.[9]
Von den Anhängern dieser Auffassung haben sich vor allem Kübler und Sontheimer ausführlicher mit diesem Problem beschäftigt. Kübler kommt aufgrund der Exegese richterlicher Selbstzeugnisse aus der Deutschen Richterzeitung der Jahre 1918 - 1933 zu dem Schluß, daß das Verhältnis der Richter zum Gesetz gestört war. Sontheimer spricht in seiner ausführlichen Analyse des verfassungsrechtlichen Denkens in der Weimarer Republik davon, daß die Staatsrechtslehre den normativen Gehalt der Verfassung stark zurückgedrängt habe.[10]
Einige Anhänger dieser Meinung untersuchen auch, woran sich die Richter statt der Gesetze orientierten. Zu der Frage, welche Autorität die Richter an die Stelle des Gesetzes stellten, finden sich bei den Anhängern dieser Meinung aber nur wenige Antworten. Nach Sontheimers Auffassung beherrschte die Idee der nationalen Volksgemeinschaft viele Staatsrechtslehrer. Diese Idee sei über weite Strecken durchaus mit der Vorstellung des nationalsozialistischen Führerstaates identisch gewesen.[11]
Kübler und Rosenbaum meinen, zumindest die Richter selbst hätten vielfach die Förderung mittelständischer Interessen zur Richtschnur ihrer Amtsführung gemacht.[12]
Die Zusammenfassung des bisherigen Meinungsstandes zeigt, daß die Diskussion nicht sehr ergiebig gewesen ist. Kübler und Sontheimer haben sich nur mit Teilaspekten der juristischen Literatur beschäftigt. Einen Einblick in das Denken größerer Teile der Juristenschaft haben sie nicht vermitteln können. Diesen Mangel soll die vorliegende Arbeit lindern helfen. Anhand zweier praktischer Rechtsprobleme werden die Richterleitbilder der deutschen Juristen zu Beginn der Weimarer Republik dargelegt. Es waren Probleme, die Theoretiker und Praktiker gleichermaßen berührten. Bei diesen beiden Problemen ging es um die juristische Bewältigung der Inflation der Jahre 1918 - 1923, um die

Aufwertung von Hypotheken und die Anpassung von Verträgen. Um aber die Diskussion dieser Problemkreise auf das Richterleitbild hin untersuchen zu können, ist es erforderlich, die Entwicklung der Richterleitbilder im 19. Jahrhundert darzustellen.

2. Die Vorgeschichte: Richterleitbilder vom Zeitalter der Aufklärung bis 1918

Das Problem des Richterleitbildes ist so alt wie der moderne Staat. Unter der Herrschaft des mittelalterlichen Rechtsbegriffs konnte es nicht entstehen. Nach diesem Rechtsbegriff war das Recht nicht das Werk von Menschen. Es war eine vorgegebene Ordnung der Dinge. Das Recht wohnte dem Leben inne.[13)] Gott war der Anfang allen Rechts.[14)] Das Recht war immer auch gutes Recht. Es war natürlich, daß der Richter dieses Recht anwendete. Etwas anderes war nicht denkbar. Dies konnte sich erst ändern, als der Rechtsbegriff sich wandelte. Im Zeitalter des Absolutismus gewann der Staat, repräsentiert durch den Monarchen, die Souveränität. Bestandteil dieser Souveränität war auch die Macht, letztinstanzlich über den Inhalt des Rechts zu entscheiden.[15)] Der Monarch konnte in der Form des Gesetzes Recht setzen, ohne an irgendeine höhere Autorität gebunden zu sein. Damit stellte sich die Frage, ob dieses Gesetz auch auf jeden Fall Recht sei und damit allgemeine Verbindlichkeit beanspruchen konnte. Mit dem Problem einer Diskrepanz zwischen Gesetz und Recht entstand die Frage nach dem Richterleitbild.

2.1. Montesquieu

Montesquieu war der erste moderne Staatstheoretiker, der sich ausführlich mit der Frage des Richterleitbildes auseinandersetzte. Er war zugleich der Vater der Verfassungsentwicklung des 19. Jahrhunderts. In seinem Hauptwerk "L'Esprit des Lois", das im Jahre 1748 erschien, entwarf er das Staatsideal der Aufklärung.Er übernahm von Hobbes das Prinzip der Gewaltenteilung. Im Gegensatz zu Hobbes machte er die richterliche Gewalt zu einer von drei Staatsgewalten. Montesquieu, selbst Richter von Beruf, stellte sie neben die vollziehende und die gesetzgebende Gewalt. Dabei definierte er die Funktion der Richter in seinem Staatsideal sehr restriktiv:

> "Aber die Richter sind ... nur der Mund, der die Worte des Gesetzes ausspricht, willenlose Wesen, die weder seine Schärfe noch seine Strenge zu mildern vermögen."(16)

Montesquieu benutzt das Bild des Mundes für den Richter. Der Mund ist lediglich ein Organ. Es dient dem Ganzen, ohne einen Eigenwert zu besitzen. Der Mund dient allein dazu, das zu äußern, was das Gehirn denkt. Er gibt Empfangenes weiter, gleich, um was es sich handelt. Der Richter als Mund des Gesetzes ist ein Richter ohne eigene Gedanken, seine persönliche Erfahrung und sein Wertempfinden dürfen in seine Urteile nicht einfließen. Der Richter hat sich allein nach der Autorität des Gesetzes zu richten. Es fragt sich, warum Montesquieu für ein derartiges Richterleitbild eintrat, obwohl es ihm als einem Philosophen der Aufklärung um die Entfaltung der Vernunft bei allen Menschen ging. Montesquieu war ein kompromißloser Gegner des französischen Absolutismus. Bereits 1721 hatte er in seinen "Lettres persanes" die Strukturen des Absolutismus mit beißendem Spott beschrieben. Er erkannte, daß die Bündelung aller Macht in der Hand einer Person notwendig zum Machtmißbrauch und zur Tyrannei führte. Dabei war es völlig gleichgültig, in wessen Händen diese Machtfülle ruhte. Montesquieu kam es darauf an, die Freiheit der Bürger zu sichern. Nur in Freiheit, glaubte er, könne sich die Vernunft der Menschen frei entfalten.

Zur Erhaltung der Freiheit schien ihm eine strenge Gewaltenteilung das einzig taugliche Mittel. Sie konnte auch die Stellung des Richters nicht unberührt lassen. Nach Montesquieus Auffassung taugte auch der Richter zum Tyrannen. Die strenge Bindung des Richters an das Gesetz war für ihn das geeignete Instrument, eine Richterdiktatur zu verhindern.

Ein Richter, der sich nicht streng an das Gesetz hielt, würde nach Montesquieus Meinung selbst zum Gesetzgeber werden,[17] da ein solcher Richter selbst die Norm setzen würde, die er anwendete. Die große Entscheidungsgewalt über den Inhalt einer Norm und ihre konkrete Anwendung mochte Montesquieu nicht in einer Hand wissen. Dies hätte für ihn eine zu große Machtfülle bedeutet.
Die Entmündigung des Richters zur Erhaltung der bürgerlichen Freiheit war nicht unproblematisch. Die Machtlosigkeit des Richters bewirkte eine Stärkung der Legislative. Ihr stand es offen, die Freiheit mit Hilfe von Gesetzen zu verringern oder zu vernichten. Montesquieu sah auch diese Gefahr. Daher sollte nach seiner Konzeption die gesetzgebende Gewalt von zwei getrennten Vereinigungen, denen des Adels und des Volkes, gebildet sein.[18] Nur im Zusammenwirken sollten sie ein Gesetz beschließen können. So versuchte Montesquieu, den Gesetzgeber ebenfalls zu binden, um den Richter davor zu bewahren, tyrannische Gesetze anwenden zu müssen.

2.2. Das Preußische Allgemeine Landrecht

Das Preußische Allgemeine Landrecht von 1794 definierte das ihm zugrunde liegende Richterleitbild in einem Paragraphen seiner Einleitung:

> "Bey Entscheidungen streitiger Rechtsfälle darf der Richter den Gesetzen keinen anderen Sinn beylegen, als welcher aus den Worten, und dem Zusammenhange derselben, in Beziehung auf den streitigen Gegenstand oder aus dem nächsten unzweifelhaften Grunde des Gesetzes, deutlich erhellet."(19)

Der Inhalt dieser Vorschrift läßt sich in wenige Worte fassen: Der Richter ist an das Gesetz gebunden. Auffällig ist, daß hier sehr genau und sorgfältig beschrieben wird, wie die Bindung an das Gesetz beschaffen ist. Für das Preußische Allgemeine Landrecht ist die Bindung an das Gesetz eine Bindung an den Wortlaut. Andere Auslegungsmittel darf der Richter nur heranziehen, soweit es der Wortlaut zuläßt, nämlich den Zusammenhang der Wörter und den Sinn des Gesetzes. Dabei ist die Anwendung der letzteren Methode wiederum einer Einschränkung unterworfen. Der Richter soll sich keinen Gesetzeszweck selbst erdenken, dieser muß eindeutig erkennbar sein. Selbst für den Fall, daß der Richter mit Hilfe der Auslegung zu keinem Ergebnis kommt, sieht das Allgemeine Landrecht eine Lösung vor. Es hebt die Bindung des Richters an das Gesetz in einem solchen Fall nicht auf, sondern es verweist ihn an den Rat einer besonderen Institution. § 47 der Einleitung des Preußischen Allgemeinen Landrechts sieht eine Gesetzeskommission vor, die Zweifelsfragen des Richters beantworten soll:

> "Findet der Richter den eigentlichen Sinn des Gesetzes zweifelhaft, so muß er, ohne die prozeßführenden Parteien zu benennen, seine Zweifel der Gesetzcommission anzeigen, und auf deren Beurtheilung antragen." (20)

Das Preußische Allgemeine Landrecht bemühte sich also darum, die Bindung des Richters an das Gesetz so vollkommen wie möglich zu verwirklichen. Es fragt sich, warum dieses Gesetz den richterlichen Gesetzesgehorsam so sehr perfektionierte. Montesquieus Idee einer freien Entfaltung der Bürger lag dem absolutistisch geprägten Allgemeinen Landrecht nicht zugrunde. Die Übernahme der strengen Gesetzesbindung hatte im wesentlichen zwei Gründe.

Das Preußische Allgemeine Landrecht war eine Kodifikation. Damit spiegelte es, wenn auch in anderer Weise, ebenso wie das Werk Montesquieus die Gedankenwelt der Aufklärung wider. Mit der Aufklärung hatte sich ein neuer Wissenschaftsbegriff durchgesetzt. Man versuchte, die Welt neu nach den Regeln der Vernunft zu ordnen. Im Recht stellten die Kodifikationen einen solchen Versuch dar.[21)] Die Kodifikation sollte das Recht abschließend und erschöpfend enthalten.[22)] Sie war als ein lückenloses und widerspruchsloses Normensystem konzipiert.[23)] Dieses System stieg vom obersten abstrakten bis zum untersten konkreten Rechtssatz hinab.[24)] Da die Kodifikation somit ihrer

Idee nach alles regelte, was zu regeln war, war sie mit einem freien Gestaltungsraum für den Richter nicht vereinbar. Abschließend und erschöpfend konnte die Aufzeichnung des Rechts in der Kodifikation nur sein, wenn der Richter sie als seine einzige Autorität anerkannte und kein Recht neben der oder gegen die Kodifikation bildete. Somit bedingte der Kodifikationsgedanke die strenge Bindung des Richters an das Gesetz.[24a)]
Der zweite Grund für den strengen Gesetzesgehorsam des Richters nach dem ALR war politischer Natur. Der Gesetzgeber des Landrechts war der absolutistisch regierende preußische König. Im Absolutismus bedeutete das Gesetz zugleich auch einen königlichen Befehl. Einem solchen Befehl galt es zu gehorchen. Die Richter waren Beamte. Sie schuldeten ihrem Herrscher ebenso Gehorsam wie die anderen Beamten und wie die Soldaten. Das ALR zeigt, daß das Richterleitbild eines strengen Gesetzesgehorsams durchaus nicht nur für freiheitlich konzipierte Verfassungen taugte. Es ließ sich mit Machtgewinn für den Souverän gebrauchen, der es verstand, Gesetze zu schaffen. Freiheit für den Bürger und Gesetzesgehorsam für den Richter bedingen einander nur so lange, wie die Gesetze selbst die Freiheit des Bürgers schützen.

2.3. Friedrich Carl von Savigny

Die Idee der Aufklärung war es gewesen, daß sich die Welt nach der Vernunft durch das Gesetz verändern ließ. Es gehörte zur Freiheit der Menschen, daß sie den Inhalt des Rechts bestimmen konnten. In der Zeit der Französischen Revolution wurde dieser Glaube erschüttert. Gesetze ließen sich in der Praxis nicht immer durchsetzen, bisweilen verfehlten sie auch ihren Zweck. Man erkannte, daß ein neues Gesetz nicht immer mit Fortschritt und Humanität gleichzusetzen war.
Auf diesen Erkenntnissen gründete Friedrich Carl von Savigny (1779 - 1861) einen neuen Rechtsglauben. Seinen Lehren gab er den Namen "Historische Schule".

Savigny definierte einen neuen Rechtsbegriff:

> "Die geschichtliche Schule nimmt an, der Stoff des Rechts sei durch die gesamte Vergangenheit der Nation gegeben, doch nicht durch Willkür, so daß er zufällig dieser oder ein anderer sein könnte, sondern aus dem innersten Wesen der Nation selbst und ihrer Geschichte hervorgegangen." (25)

Das Recht ist für Savigny das Ergebnis einer ganz bestimmten einmaligen geschichtlichen Entwicklung. Es stellt somit eine vorgegebene Größe dar. Die Gegenposition zu diesem Rechtsbegriff umschreibt Savigny mit dem Begriff der "Willkür". Willkür ist für ihn das, was die Aufklärung als Freiheit definierte.[26)] Es ist die Befugnis des Menschen zum autonomen Handeln, die Möglichkeit, sich zwischen verschiedenen Handlungsweisen zu entscheiden.[27)] Nur, wer diese Möglichkeit besitzt, kann Gesetze erlassen und damit das Recht bestimmen. Indem Savigny die Freiheit des Menschen als Willkür abqualifiziert, verneint er seine Autonomie und Befugnis, Recht zu setzen. Das Recht, so lehrt Savigny, muß der Mensch als ihm durch die Geschichte gegeben hinnehmen, ohne es ändern zu können. Trotzdem ist das Recht für Savigny nichts Statisches und Unwandelbares, wie es dem mittelalterlichen Rechtsbegriff entspricht.[28)] Das Recht ist für ihn nicht von vornherein vorhanden gewesen, sondern es ist erst aus der Geschichte "hervorgegangen". Da die Geschichte nicht stehenbleibt, ändert sich auch das Recht, es entwikkelt sich in der Geschichte.[29)]
Für Gesetze gab es nach Savignys Meinung nur zwei Funktionen. Gesetze sollten Gewißheit in Fällen der Rechtsunsicherheit schaffen und solche Bedürfnisse des Rechtsverkehrs befriedigen, die durch den Wandel der Zeiten entstehen.[30)] Im übrigen war die Entscheidung Savignys gegen das Gesetz auch zugleich ein Votum für das Recht des Heiligen Römischen Reiches.[31)]
Für ihn war vor allem das Römische Recht das Recht, das aus der Geschichte hervorgegangen war. Es war das der Entwicklung entsprechende Gewohnheitsrecht.[32)] Dieses Gewohnheitsrecht war kein geordnetes und leicht anwendbares Recht. Es war großen-

teils ein Konglomerat aus verschiedenen, zum Teil auch einander widersprechenden Rechtssätzen und Rechtsinstituten. Savigny selbst bezeichnete es als einen "Stoff", den es "zu durchschauen, zu verjüngen, und frisch zu halten" gelte.[33)]
Aus diesem neuen Rechtsbegriff ergibt sich ein vom Richterbild der Aufklärung abweichendes Richterleitbild. Savigny beschrieb es in seinem Ministerprogramm des Jahres 1842:

> "Der wünschenswerthe Zustand der Rechtspflege zeigt sich in dem wissenschaftlichen Geist, welchen die Richter in ihr Geschäft legen, und wodurch sie ihren Beruf heben und veredeln."(34)

Rechtspflege bedeutet für Savigny nicht mehr die Bindung des Richters an das Gesetz. Sein Richterbild ist nicht das des "Munds des Gesetzes". Nach Savignys Vorstellung übt der Richter sein Amt als ein Mann von wissenschaftlichem Geist aus. Er ist eine Persönlichkeit von edlem Sinn und allgemeiner Bildung und macht bei der Rechtsprechung von diesen Eigenschaften auch Gebrauch. Ihm obliegt es, Savignys Rechtsbegriff in die Praxis umzusetzen. Der Richter soll aus der Stoffsammlung, die ihm das Römische Recht bietet, das geltende Recht bilden und es anwenden. Durch seinen Verstand findet der Richter nach Savignys Meinung aus dem "Stoff" die passende Regelung für den konkreten Fall, jene, die sich aus der geschichtlichen Entwicklung ergibt. Da dieses Kriterium in der Praxis verschwommen bleiben muß, räumt Savigny dem Richter bei der Bestimmung des Rechts einen erheblichen Entscheidungsspielraum ein. Der Rechtsbegriff der historischen Schule bewirkt, daß der Richter fast immer selbst über den Inhalt des Rechts entscheidet.
Savignys Rechtsbegriff begründet die Herrschaft des Richters über das Gesetz. Dem Richter obliegt es, durch seinen wissenschaftlichen Geist zu prüfen, ob ein Gesetz mit der historischen Entwicklung übereinstimmt, ob es also jenen zwei Funktionen innerhalb der Rechtsordnung dient, die Savigny dem Gesetz zugesteht. Was Recht ist und welches Gesetz Gültigkeit erlangt, entscheidet somit der Richter.[35)]

Savignys historische Rechtsschule kehrte das bisherige Verhältnis des Richters zum Gesetz um. An die Stelle des strengen Gesetzesgehorsams trat das Bild eines Richters, der die Verbindlichkeit von Gesetzen überprüfen durfte. Dabei war der Richter an eine Autorität gebunden, die im konkreten Fall wenig aussagen konnte: an die historische "Entwicklung". Deren Ergebnis sollte er feststellen. Offen blieb, wie die Anforderungen einer sich entwickelnden Industriegesellschaft mit Beschwörungen des wissenschaftlichen Geistes erfüllt werden sollten.[36)]

2.4. Georg Friedrich Puchta

Georg Friedrich Puchta (1798 - 1846) gilt als ein Schüler Savignys. Trotzdem unterschied sich seine Auffassung ganz wesentlich von der seines Lehrers:

> "Es wird erwartet, daß der Gesetzgeber wirklich die gemeinsame Überzeugung der Nation, unter deren Einfluß er stehen soll, ausspreche, sey es daß er eine schon fest bestehende Rechtsansicht in sein Gesetz aufnehme, oder einer erst in ihrer Bildung begriffenen dem wahren Sinn der Nation gemäß zu Hülfe komme; manche Verfassungen suchen dies durch die Nothwendigkeit des Beiraths oder der Zustimmung von sonstigen Gliedern des Volks wenn nicht zu garantiren (denn dies ist unmöglich), doch das Gegentheil, den Widerspruch mit den nationellen Rechtsansichten zu erschweren. Ist nun aber das Gesetz einmal gegeben, so kann seine Gültigkeit nicht von einer Untersuchung seiner wirklichen Übereinstimmung mit dem Volkswillen abhängen. Diese Untersuchung würde eine höhere Gewalt voraussetzen, die dann eben die gesetzgebende wäre, und bey welcher dieselbe Frage wieder entstehen würde. Was daher durch ein Gesetz auf dem verfassungsmäßigem Wege festgesetzt ist, das gilt als Recht, als gemeiner Wille, nicht um seines Inhalts, sondern um dieser Form des Ausspruchs willen." (37)

Puchta geht von dem Rechtsbegriff der historischen Schule aus. Recht bildet sich, es wird nicht gesetzt. Es wurzelt somit, wie bei Savigny, in der Entwicklung der Nation. Diese Entwicklung hatte Savigny abstrakt gefaßt und der Rechtswissenschaft sowie dem wissenschaftlich ausgebildeten Richter anvertraut.

Bei Puchta dagegen kann sich die Entwicklung des Rechts durchaus durch einen konkret feststellbaren Volkswillen, durch ein Parlament, vollziehen. Puchta setzt die Bildung des Rechts nach der Geschichte den "nationellen Rechtsansichten" und diese wiederum dem Volkswillen gleich. Damit erweitert Puchta die Möglichkeit, Recht durch Gesetze zu schaffen. Das Gesetz ist kein Notbehelf mehr. Es ist immer eine Form der Rechtsbildung. Durch die Gleichsetzung von geschichtlicher Entwicklung und Volkswillen versöhnt Puchta den Rechtsbegriff der historischen Schule mit dem liberalen Freiheitsbegriff. Mit der Anerkennung des Gesetzes verwirft er den Willkürbegriff Savignys, ohne den die historische Schule im Grunde genommen nicht denkbar ist.
Puchta macht gegenüber dem Gesetzgeber nur den Vorbehalt, er möge sich um die Übereinstimmung mit den "nationellen Rechtsansichten" bemühen. Der Rechtsbegriff der historischen Schule ist nur noch ein Kriterium für die Gerechtigkeit, nicht aber für die Gültigkeit des Gesetzes. Puchta ändert auch die Stellung des Richters zum Gesetz. Die Gültigkeit der Gesetze hängt nur noch davon ab, ob sie nach der Verfassung, also gemäß den gesetzlichen Bestimmungen zustande gekommen sind. Die Frage, ob das Gesetz tatsächlich dem Volkswillen entspricht, hält Puchta für nicht beantwortbar. Für ihn gibt es keine höhere Autorität mehr, die, wie bei Savigny der wissenschaftlich gebildete Richter, über den Bestand des Gesetzes entscheiden kann.
So muß Puchta zu dem Ergebnis kommen, daß ein Gesetz, das formell ordnungsgemäß zustande gekommen ist, als Volkswillen "gilt". Damit stellt Puchta eine unwiderlegbare Vermutung auf. Kraft dieser Vermutung ist der Richter an das Gesetz gebunden. Die Macht des Richters, die Savigny begründet hatte, ist bei Puchta wieder gebrochen.
Dem wissenschaftlich gebildeten Richter übertrug Puchta nur eine zweitrangige Aufgabe. Er sollte das Lückenproblem lösen, indem er die Rechtsbegriffe in ihre Merkmale zerlegte und sie in eine systematische Ordnung brachte. Aus dieser Ordnung würden sich dann die nicht vorhandenen, aber benötigten Rechtssätze von selbst ergeben.[38)] So sollte das Recht nach Puchtas

Ansicht "als Product einer wissenschaftlichen Deduction sichtbar entstehen".[39] Von der Frage der - scheinbaren - Gesetzeslücke abgesehen, galt also mit Puchta wieder das Richterleitbild Montesquieus.

2.5. Julius von Kirchmann

Der Richter und Staatsanwalt Julius von Kirchmann (1802 - 1884) hielt im Revolutionsjahr 1848 einen Vortrag, betitelt: "Die Werthlosigkeit der Jurisprudenz als Wissenschaft". Er hielt den Rechtszustand in Deutschland für unbefriedigend:

> "Ein Patrimonialrichter, der einige Zeit sein Amt verwaltet und dabei auf dem Dorfe oder in einer kleinen Stadt gelebt hat, gelangt sehr bald in jenen glücklichen, seinen Eingesessenen so erwünschten Zustand, wo er allen gelehrten Kram vergessen hat und die Hauptquelle seiner Entscheidungen nur noch in seiner Brust findet, in seinem auf gleicher Stufe mit seinen Eingesessenen stehenden Rechtsgefühle. Nichts fürchtet der Bauer oder Bürger mehr, als einen mit aller Pracht der Gelehrsamkeit und Gesetzkenntnis angethanen, die Fälle haarscharf spaltenden jungen Assessor zu seinem Richter zu bekommen." (40)

Kirchmann erwartet die Rettung eines verständlichen und volkstümlichen Rechts nicht von neuen und umfassenden Gesetzen. Nach seiner Auffassung bedarf es eines neuen Richterleitbildes. Dieses Leitbild ist das des Patrimonialrichters. Seine Welt ist die Welt des Dorfes. Mit dem Leitbild des Patrimonialrichters ist ein bestimmter Rechtsbegriff verbunden. Kirchmann beschreibt, daß der Richter die richtige Entscheidung in seiner Brust findet, in einem Rechtsgefühl, das er mit seinen Mitbürgern teilt. Diese Vorstellung erinnert an den mittelalterlichen Rechtsbegriff. Das Recht lebt in den Menschen selbst, es ist eins mit ihrer Sozialordnung.[41] Jedermann kann zwischen gut und böse, zwischen Recht und Unrecht unterscheiden. In diese Idylle dringt nach Kirchmanns Bild der junge studierte Assessor ein. Ihm ist eigen, was Kirchmann mit Widerwillen betrachtet: Rechtswissenschaft und Gesetzesanwendung. In Kirchmanns idealer Welt ist dies unnützes Rüstzeug. Man bedarf seiner nicht, wenn das Recht in den tradierten Vorstellungen aller Menschen wurzelt. Kirchmann bindet den Richter an die Autorität des allgemeinen Rechtsbewußtseins. Er verkennt dabei, daß dieses Bewußtsein zusammen mit dem Mittelalter untergegangen war. In der sich rasch wandelnden Industriegesellschaft mit ihren unterschiedlichen Gruppeninteressen ist das allgemeine Rechtsbewußtsein eine schöne Illusion, aber es ist "zu sehr von gestern, um heute helfen zu können".[42] Kirchmann übersieht, daß ein Richter, der sich auf das allgemeine Rechtsgefühl beruft, nur noch sein eigenes Rechtsgefühl meinen kann. An die Stelle des allgemeinen Rechtsbewußtseins konnte nur die Autorität des Rechtsgefühls des einzelnen Richters treten. Auch Kirchmann widerspricht, wie Savigny, dem Richterleitbild Montesquieus. Kirchmanns Lehre war aber ein Erfolg nicht beschieden, er blieb im Gegensatz zu Savigny ein Außenseiter. Seine Stimme blieb in der Diskussion um das Richterleitbild einsam.

2.6. Das "Staatslexikon" Karl von Rottecks und Karl Theodor von Welckers

Größeren Erfolg hatte das Richterleitbild des Liberalismus. Es findet sich am prägnantesten formuliert in Rotteck-Welckers "Staatslexikon". Das "Staatslexikon" war das Werk zweier Professoren für Staatsrecht, Karl von Rotteck (1775 - 1840) und Karl Theodor von Welcker (1790 - 1869). Als Kompendium des liberalen Denkens im 19. Jahrhundert beherrschte es das politische Denken breiter Volksschichten.[43] In ihm findet sich folgende Definition des Richterleitbildes:

> "Zuvörderst wird den Gerichten durchaus keine Autorität über die gesetzgebende Gewalt einzuräumen sein. Der Richter hat bloß das bestehende Gesetz anzuwenden, für ihn gilt kein anderes Recht als das auf solchem Gesetze ruhende, und er hat bloß die Übereinstimmung oder Nichtübereinstimmung mit demselben zu erkennen. Spräche er die Befugnis an,

> auch die Gesetze selbst, nach ihrem materiellem Inhalte, seinem rechtlichen Urtheile zu unterwerfen, d.h. also nach seiner subjectiven (natürlichen) Rechtstheorie sie für rechtsbeständig oder ungültig zu erklären, so wäre die gesetzgebende Gewalt getödtet und die Anarchie legitimirt." (44)

Das Staatslexikon beschränkt den Richter wieder auf die strikte Anwendung der Gesetze. Es nimmt Montesquieus Bild vom Richter als Mund des Gesetzes wieder auf. Alles, was nicht Gesetz ist, reduziert sich zu einer "subjectiven (natürlichen) Rechtstheorie". In diesem Begriff faßt das Staatslexikon alles zusammen, was nicht Gesetz ist. Naturrecht, Gewohnheitsrecht oder Rechtsgefühl sind kein Recht, es sind lediglich Theorien. Falls Gesetze gegen sie verstoßen, sollen Parlament und öffentliche Meinung korrigieren, niemals aber ist dies Sache des Richters. Recht ist unbedingt mit Gesetz gleichzusetzen und für den Richter bindend. Der Gesetzesbegriff des Liberalismus ist dabei nur formaler Natur. Gesetz ist, was den Normen der Konstitution entspricht. Die Definition des Gesetzes ist insoweit dieselbe wie bei Puchta. In der Konstitution findet sich auch der Grund für dieses streng am Gesetz orientierte Richterleitbild. Die Verfassung wird beherrscht vom liberalen Denken. Sie bewirkt nach der liberalen Konzeption zweierlei:
Sie setzt der Staatsgewalt, repräsentiert durch den Monarchen, Schranken und garantiert die Mitbestimmung der Bürger im Staat, indem sie ihnen Einfluß auf die Gesetzgebung gewährt.[45)]
Die strenge Bindung des Richters an das Gesetz hilft dabei, beide Ziele zu verwirklichen: Durch das Gesetz und seine strikte Anwendung durch die Gerichte wird das Recht vom Bürger abhängig. Wo gesetzliche Regelungen bestehen, kann der Monarch nicht mehr allein nach seinem Willen handeln. Dadurch sind der Staatsgewalt Schranken gesetzt. Die Bindung des Richters an das Gesetz dient somit demselben Zweck, den auch Montesquieu bereits zur Grundlage seines Richterleitbildes gemacht hatte.

Der Liberalismus war somit ideengeschichtlich unlösbar mit der strengen Bindung des Richters an das Gesetz verknüpft. Allein die Autorität des Gesetzes sollte nach dem liberalen Leitbild für den Richter gelten.

2.7. Bernhard Windscheid

Bernhard Windscheid (1817 - 1892) war der führende Privatrechtswissenschaftler seiner Zeit. Er übertrug den Rechtsbegriff der Liberalen in das Privatrecht:

> "Billig ist das den thatsächlichen Verhältnissen angemessene Recht, d.h. dasjenige Recht, in welchem jedes Moment der thatsächlichen Verhältnisse, das auf Berücksichtigung Anspruch machen kann, Berücksichtigung wirklich findet, keines Berücksichtigung findet, welches Berücksichtigung nicht verdient, und jedes gerade diejenige Berücksichtigung findet, welche seine Natur fordert. Dasjenige Recht, welches in einer der andern dieser Beziehungen den thatsächlichen Verhältnissen nicht angemessen ist, nennt man strenges Recht.
>
> ...
>
> Insofern es aber ein Rechtsgefühl und Rechtsbewußtsein nicht bloß der Einzelnen gibt, sondern auch ein Rechtsgefühl und Rechtsbewußtsein der Gesammtheit eines Volkes, bezeichnet die Billigkeit das Ideal, nach dessen Verwirklichung das Recht eines jeden Volkes zu streben hat. Bevor aber dieses Ideal verwirklicht ist, bevor eine Rechtsquelle die Aussprüche der Billigkeit anerkannt hat, ist die Billigkeit eben nicht Recht, und der Richter würde sich schwer verfehlen, wenn er das positive Recht seines Volkes zu Gunsten der Billigkeit, oder dessen, was er für Billigkeit hält, hintansetzen wollte. Es wird ihm jedoch eine genaue Erforschung des wahren Gehaltes des positiven Rechts sehr häufig die, dem ersten Blick sich verbergende, Möglichkeit gewähren, die Ansprüche der Billigkeit mit den eigenen Mitteln des Rechts zu befriedigen."(46)

Windscheids Leitbegriffe sind Billigkeit und Recht. Recht ist für Windscheid positives Recht. Es ist das Gesetz. Das Gesetz rückt jetzt endgültig in das Zentrum juristischen Denkens. Dem Gesetz gegenüber steht nicht mehr das Recht, sondern die Billigkeit. Windscheid sieht sie unter dem Stichwort der Berücksichtigung. Das Gesetz soll die Billigkeit beachten, doch die

Qualität des Gesetzes als Recht hängt nicht davon ab, ob es billig ist. Die Billigkeit ist kein Merkmal des Gesetzes und auch kein Merkmal des Rechts. Bei Windscheid existiert kein Spannungsverhältnis zwischen dem Gesetz und dem Recht. Für Windscheid als spätem Liberalen ist der Mensch frei, sein Recht zu bestimmen. Er darf und kann beliebig Gesetze machen. Es ist nicht die Aufgabe des Richters, diese Freiheit der Rechtsgemeinschaft einzuschränken. Windscheid bindet diese Freiheit ethisch ein, indem er ihr die Pflicht zuordnet, nach der Billigkeit zu streben. Aber diese Einbindung ist nicht rechtlicher Natur, die Rechtsgemeinschaft kann sich auch über die Billigkeit hinwegsetzen.
Windscheid erkennt die Gefahren, die in seinem Rechtsbegriff verborgen sind. Er weiß, daß Freiheit auch die Freiheit zum Unrecht bedeuten kann und der Richter dann auch verpflichtet ist, dieses Unrecht in seinen Urteilen zu verwirklichen. Windscheid macht daher die Billigkeit auch zu einem Auslegungskriterium für das Gesetz und mahnt, die Billigkeit so oft wie möglich der Auslegung zugrundezulegen.
Die Behauptung Windscheids, dies sei "sehr häufig" möglich, zeigt, daß Windscheid mit dem Gesetz die Vorstellung einer an sich gerechten Regelung verbindet. Für ihn ist das Gesetz in aller Regel mit der Billigkeit zu vereinbaren und daher auch eine gute Autorität für den Richter.

2.8. Paul Laband

Was Windscheid für die Privatrechtswissenschaft seiner Zeit bedeutete, war Paul Laband (1838 - 1918) für das Staatsrecht. Sein "Lehrbuch des Staatsrechts" läßt sich zu Recht als die "authentische Interpretation" der Reichsverfassung von 1871 bezeichnen.[47)] Er definiert auch den Rechtsbegriff und damit das Richterleitbild dieser Verfassung:

> "Aus dem Begriff des Gesetzes folgt, daß im Princip dem Gewohnheitsrecht derogatorische Kraft nicht zukommt. Solange der Staat seinen Befehl, daß ein ge-

wisser Rechtssatz gelten soll, aufrecht erhält, können Unterthanen und Behörden diesen Befehl nicht unbeachtet lassen und noch weniger ihn durch Nichtbefolgung aufheben. Insbesondere darf der vom Staat bestellte Richter den staatlichen Rechtsschutz nicht in anderer Weise und nach anderen Grundlagen handhaben, als ihm durch die Gesetze des Staates vorgeschrieben ist. Allein das Gesetz kann unanwendbar werden, wenn die Thatbestände, die es regeln will, nicht mehr existieren. Der Wille, den der Staat in seinem Gesetze ausspricht, hat in vielen Fällen Lebensverhältnisse, Einrichtungen und wirtschaftliche Zustände zur selbstverständlichen und deshalb stillschweigenden Voraussetzung, so daß bei dem Wegfallen dieser Voraussetzung auch der im Gesetz ausgesprochene Wille wegfällt. Von dem in dem Gesetze enthaltenen Befehl gilt ganz dasselbe, was überhaupt von jedem Befehl gilt; er kann seine Kraft und Wirksamkeit wegen veränderter Umstände verlieren. In den Gesetzen werden die Thatbestände, auf welche die gesetzlichen Regeln Anwendung finden sollen, gewöhnlich nur unvollständig angegeben; sie sind aus den allgemeinen Lebensverhältnissen und Kulturzuständen zu ergänzen. Die im Gesetz ausdrücklich aufgeführten Momente können fortbestehen, aber ihre Bedeutung völlig verändern, wenn sie mit anderen Lebensverhältnissen sich kombiniren. Wünschenswerth wird es zwar auch in diesen Fällen sein, daß der Staat, um Zweifel zu vermeiden, das veraltete Gesetz ausdrücklich aufhebt; allein eine solche förmliche Aufhebung ist nicht absolut erforderlich, da der Wille des Staates, die neueren veränderten Lebensverhältnisse rechtlich zu regeln und sie Normen, die für andere Thatbestände gegeben waren, zu unterwerfen, überhaupt niemals vorhanden war und deshalb auch nicht aufgehoben zu werden braucht. Die sogenannte derogatorische Kraft des Gewohnheitsrechtes reducirt sich daher auf eine Interpretation des Gesetzes und auf die Regel, daß das Gesetz auf solche Fälle nicht anzuwenden ist, auf welche es selbst nicht angewendet werden will." (48)

Laband stellt das Prinzip der absoluten Geltung der Gesetze an den Anfang seiner Ausführungen. Es geht dem Gewohnheitsrecht vor und muß stets angewendet werden, vor allem durch den Richter.

Auffallend ist aber, wie Laband sich zur Herrschaft des Gesetzes bekennt. Man könne Gesetze "nicht unbeachtet lassen" und dürfe sie nicht durch "Nichtbefolgung" aufheben. Laband beschreibt ein Prinzip, indem er dessen Gegenteil verneint. Diese Ausdrucksweise verrät Distanz zu den eigenen Gedanken. Es fragt sich, ob der Gesetzesgehorsam bei Laband nicht Grenzen hat.

Daß die Beschreibung des Gesetzespositivismus in der Negation kein Zufall ist, zeigt der zweite Teil des Zitats. In ihm schildert er den Fall, in dem ein Gesetz nicht mehr gültig ist und der Richter es nicht mehr anwenden muß:

Jedes Gesetz bestehe aus einer Vielzahl von Tatbestandsmerkmalen. Es gebe neben den geschriebenen auch ungeschriebene Merkmale. Letztere seien ersichtlich, wenn man sich die Situation vergegenwärtige, in welcher das Gesetz erlassen sei. Ein Gesetz dürfe daher nur dann Anwendung finden, wenn der zu subsumierende Sachverhalt sowohl die geschriebenen als auch die ungeschriebenen Merkmale enthalte. Nach diesem Denkmodell ist das Gesetz lediglich ein situationsgebundener Befehl. Nicht jedes Gesetz ist schon, weil es Gesetz ist, auch gültiges Recht. Es bedarf noch einer besonderen Prüfung durch den Richter. Diese Prüfung erstreckt sich darauf, ob die Lage, die zu dem Befehl - dem Gesetz - geführt hat, noch vorliegt. Diese Position ist neu gegenüber dem Bild des Richters als Mund des Gesetzes, der mechanisch jedes Gesetz anwendet. Der Richter bewertet das Gesetz. Gerade gegenüber älteren Gesetzen ist ihm ein Entscheidungsspielraum gegeben. Es liegt weitgehend an seinem eigenen Dafürhalten, welche ungeschriebenen Merkmale er einem solchen Gesetz hinzufügt. Damit hat er es in der Hand, ein Gesetz anzuwenden oder nicht anzuwenden.

Der strenge, keine Ausnahme duldende Gesetzespositivismus wich bei Laband einer differenzierten Betrachtung. Die Autorität älterer Gesetze war nicht mehr bindend für den Richter, sobald er zu dem Schluß kam, daß sich die Verhältnisse grundlegend gewandelt hatten.

2.9. Karl Bergbohm

Karl Bergbohm wendete sich 1892 in seinem Werk gegen jede Relativierung des Gültigkeitsanspruchs des Gesetzes. Er bekämpfte jede Auffassung, die auch nur im geringsten das Gesetz in Frage stellte, wie es etwa bei Laband der Fall war:

> "Jeder Satz des positiven Rechts richtet an uns die Frage: Erkennst Du mich als giltiges Recht an? Die Antwort ist ohne Aber und Indessen zu geben. Zeigt der angebliche Rechtssatz einen konstitutionellen Fehler, so ist er unbedingt keiner; ist formell an ihm kein Tadel, so ist die Frage unbedingt zu bejahen. Von seiner Güte ist die Antwort nicht abhängig. So stellt sich der Jurist als solcher zu dem, was sich für Recht ausgibt. Und gerade dem um seiner Schädlichkeit oder Inhumanität mißfälligen Recht gegenüber bewährt sich erst des reinen Juristen vornehmste Tugend: die Fähigkeit, seinen Verstand jeder Beeinflussung selbst durch die tiefsten persönlichen Überzeugungen und heißesten Herzenswünsche zu entziehen, die Befriedigung derselben nur auf dem Wege der Rechtsumbildung erwartend. So stellt sich auch mancher Anhänger des ideellen Rechts - dem Anscheine nach, während er im Grunde gar nicht fähig ist, diese Gedankenzucht ohne Grenze zu üben. An irgendeinem Punkte beginnt vor seinem geistigen Auge die formelle Tadellosigkeit des Rechts durch die Verwerflichkeit seines Inhalts verdunkelt zu werden: wo seine Empörung ein gewisses Maß übersteigt, wird es ihm endlich ganz unmöglich zuzugestehen: es ist schlechtes Recht, immerhin Recht - er hat es an seinem Maßstabe gemessen und gefunden, es sei Nicht-Recht." (49)

Bergbohm nimmt Windscheids Definition des Rechtsbegriffs wieder auf. Das Recht ist für ihn das positive Recht, das Gesetz. Statt Windscheids vorsichtigem, an die Vernunft des Menschen glaubenden Gesetzespositivismus findet sich bei Bergbohm aber eine reine kompromißlose Lehre. Bergbohm redet wie ein Religionsstifter. Am Anfang dieses Abschnittes stellt er eine Frage, auf die die Antwort nur ein Glaubensbekenntnis sein kann. Für ihn gibt es nur die absolute Anerkennung des positiven Rechts, des Gesetzes.
Bergbohm duldet keinen Widerspruch, denn er verkündet seiner

Meinung nach die Wahrheit. Ihm geht es um die lupenreine und verständliche Darstellung seiner Lehre, er will alle Mißverständnisse ausräumen, damit das Gesetz endlich seine unumschränkte und unbestrittene Herrschaft antreten kann. Das Gesetz ist für Bergbohm die absolute Autorität für den Richter.

Nach der Definition seiner Lehre stellt Bergbohm die Anfechtungen dar, denen der Jurist ausgesetzt ist, der ihr folgt: Das Rechtsbewußtsein des Juristen und die gesetzliche Regelung können sich unterscheiden. Charakteristisch ist, wie Bergbohm diesen Konflikt beschreibt. Das Gesetz ist der Verstand, die Ratio. Unterschwellig nutzt Bergbohm an dieser Stelle die Idee Hegels vom Gesetz als der Ratio scripta. Das Rechtsbewußtsein ist dagegen die tiefste persönliche Überzeugung und der Herzenswunsch, letzten Endes aber reduzieren sich diese schönen Ideale bei ihm zur bloßen "Empörung". Das Rechtsbewußtsein ist nur ein unkontrolliertes Gefühl, das Irrationale schlechthin. Diese Gegenüberstellung von Verstand und Irrationalität führt ohne weiteres zum Vorrang des Gesetzes vor dem Rechtsbewußtsein.

In den auf dieses Zitat folgenden Absätzen seines Buches erläutert Bergbohm, warum die Ratio die unbedingte Beachtung des Gesetzes gebietet. Er stellt sich die Frage, was geschehen wird, wenn ein Richter zwischen Gesetz und ethischen Prinzipien entscheiden müßte.[50)] Bergbohm fürchtet, daß sich dieses Problem nicht lösen ließe. Empörungen verschiedenen Inhalts stünden gegeneinander, die Folge könnte nur der Verlust jeder Rechtssicherheit sein. Um diesen Zustand zu vermeiden, sah Bergbohm nur die Lösung, den Richter streng an das Gesetz zu binden.

2.10. Rudolf von Ihering

Rudolf von Ihering war eine Ausnahme unter den Zivilrechtslehrern des 19. Jahrhunderts. Während diese danach strebten, die formale Methode Puchtas zu vervollkommnen, erkannte er, daß das Recht auch stets einen Bezug auf die soziale Wirklichkeit hatte.[51] Für ihn war daher das Recht keine abstrakte Größe, sondern es enthielt die Interessen der am Rechtsverkehr beteiligten Personen, soweit der Staat diese Interessen in der Form von Gesetzen anerkannt hatte.[52] Von diesem Standpunkt aus definierte Ihering 1877 seinen Rechtsbegriff und sein Richterleitbild:

> "Wir haben oben gesehen, daß diese Gebundenheit (an die Gerechtigkeit) doppelter Art sein kann: rechtlicher und sittlicher. Für den Richter ist sie der ersteren, für den Gesetzgeber der zweiten Art, ersterer steht unter, dieser über dem Gesetz, jener ist rechtlich angewiesen, das Gesetz anzuwenden, und er ist gerecht, wenn er dies tut; die Ungerechtigkeiten des Gesetzes selber hat er nicht zu verantworten, sie fallen auf Rechnung des Gesetzgebers. Für diesen, der das Gesetz erst aufzustellen hat, läßt sich der Maßstab des Gerechten nicht dem Gesetz selber entnehmen, er muß und soll das Gerechte erst suchen und finden, um es im Gesetz zu verwirklichen. Es ist wünschenswert, diese Zwiespaltigkeit des Begriffs der Gerechtigkeit sprachlich auszudrücken, und es bietet sich als nächstgelegener Ausdruck der der richterlichen und gesetzgeberischen Gerechtigkeit dar." (53)

Ihering bezeichnet das Gesetz nicht als positives Recht. Damit weicht er von der Terminologie Bergbohms ab. Für Ihering gibt es nämlich Gerechtigkeit, die sich nicht im Gesetz findet und die trotzdem mehr als ein bloßes Rechtsgefühl ist. Nach seiner Auffassung existiert ein Recht außerhalb der Gesetze, aber dieses Recht ist eine philosophische Größe. Es soll nicht durch den Richter gegen das Gesetz angewendet werden, es ist kein unmittelbar gültiges Recht. Um Mißverständnissen um diesen Rechtsbegriff zu entgehen, differenziert Ihering zwischen einer richterlichen und einer gesetzgeberischen Gerechtigkeit. Letzteres ist allein Sache von Parlament und Philosophie, der Richter darf sich mit ihr in seiner Tätigkeit nicht beschäftigen. Der Richter ist bei Ihering an die richterliche Gerechtigkeit gebunden. Er beschreibt diese richterliche Gerechtigkeit in einem Bild:

> "Wie der Soldat die Subordination erst zu erlernen hat in der strengen Schule der militärischen Zucht, ebenso der Richter den Gehorsam gegen das Gesetz in der Übung der Rechtspflege. Übung des Rechtsprechens ist die Schule der Gerechtigkeit. Es will erst erlernt werden, was den Richter ausmacht: der strenge Gehorsam gegen das Gesetz, das Verschließen des Auges gegen jedes Ansehen der Person." (54)

Der Richter ist also für Ihering ein Soldat auf dem Feld der Rechtsprechung. Der Soldat ist Inbegriff des Gehorsamspflichtigen. Er ist bedingungslos seinem Vorgesetzten untergeordnet, verpflichtet, jeden Befehl auszuführen. Eine Befehlsverweigerung ist auch für den Richter ausgeschlossen, er muß guten und schlechten Befehlen gleichermaßen gehorchen.
Eine Rechtfertigung einer derartigen bedingungslosen Unterordnung des Richters unter das Gesetz bietet Ihering im folgenden an:

> "Die feste Bahn des Gesetzes einmal verlassen, öffnet sich ebensogut der Weg nach rechts wie nach links und niemand kann im voraus ermessen, nach welcher Seite der Strom, der einmal seine Dämme durchbrochen hat, seinen Lauf nehmen wird - es kommt nur darauf an, welche Stimmung in aufgeregter Zeit in der Masse die Oberhand gewinnt." (55)

Das Gesetz ist für Ihering eine feste Bahn. Man kann sich an das Gesetz halten. Es bedeutet für ihn Ordnung. Diese Ordnung zu erhalten, ist Iherings dringlichstes Anliegen. Dies ergibt sich aus seiner Vorstellung von der Funktion des Rechts. Wenn das Recht die durch Gesetz vom Staat anerkannten Interessen der Menschen regelt, begrenzt es diese Interessen zugleich. Fällt das Gesetz weg, nehmen diese Interessen wieder ihren ungehemmten Lauf. Niemand weiß, meint Ihering, wohin eine derartige Entwicklung führen würde. Es droht, so befürchtet er, Chaos, Willkür und Anarchie. Die Katastrophe vermag für ihn nur die strenge Anwendung der Gesetze durch den Richter zu verhindern.

Somit findet sich bei Ihering die gleiche Begründung für das Leitbild des streng an das Gesetz gebundenen Richters wie bei

Bergbohm. Nur der gesetzestreue Richter vermag die Ordnung zu erhalten und das Chaos zu verhindern.

2.11. Das Bürgerliche Gesetzbuch

Am 18. August 1896 wurde das Bürgerliche Gesetzbuch verkündet. Es trat am ersten Tag des 20. Jahrhunderts in Kraft.
Das Richterleitbild des BGB war der streng an das Gesetz gebundene Richter.[56)] Dafür gibt es im wesentlichen zwei Gründe:

Zum einen war das neue Gesetzbuch das Werk von Juristen, die dem Gesetzespositivismus Windscheid'scher Prägung anhingen. Windscheid selbst hatte als Mitglied der Ersten Kommission entscheidenden Anteil an der Gesetzgebungsarbeit.[57)] Der Zweiten Kommission gehörten vor allem Praktiker an, die von Windscheids Lehren entscheidend beeinflußt worden waren.[58)]
Zum anderen war das BGB als eine Kodifikation gedacht, ebenso wie hundert Jahre zuvor das Preußische Allgemeine Landrecht.[59)]
Allerdings enthielt das BGB eine Tendenz, die die Lockerung der strengen Gesetzesbindung des Richters begünstigte. Die Entwicklung des Rechtsdenkens des 19. Jahrhunderts war nicht spurlos an dem neuen Gesetzbuch vorbeigegangen. Der Rechtsbegriff der historischen Schule und die Tradition des Römischen Rechts beeinflußten noch immer die Rechtsentwicklung. Beides fand seinen Niederschlag in § 242 BGB. Diese Norm enthielt nach ganz herrschender Lehre die exceptio doli generalis des gemeinen Rechts.[60)] Sie war eine Einwendung, die einer Klage entgegengehalten werden konnte, deren Erhebung Unrecht darstellte. Dernburg definierte sie als "Organ des wahren Rechts in Fällen ..., in welchen die Anwendung einer gesetzlichen Regel dem Wesen der Sache oder den Zwecken des Rechts zuwiderliefe."[61)]
Diese Definition zeigt, daß die exceptio doli generalis aus dem Gegensatz von Gesetz und höherem Recht lebte. Lag die exceptio doli vor, trat die gesetzlich angeordnete Rechtsfolge für einen Sachverhalt nicht ein. Ein höheres Recht trat an die Stelle des Gesetzes. Bei dieser Definition der exceptio doli blieb jedoch

unberücksichtigt, daß die Juristen mit ihr eine ganz bestimmte eng begrenzte Vorstellung verbanden. Sie war aus dem Prätorenrecht, dem ius honorarium, in das gemeine Recht gekommen. Das ius honorarium war gesetzesähnliches Recht; es bestand aus den Edikten der Prätoren.[62] In diese Edikte nahmen sie auf, in welchen Fällen sie bereit waren, exceptiones zu gewähren.[63] So bestimmten die Edikte für die exceptio doli einen fest umrissenen Kreis von Rechtspflichten.[64] Diese Vorstellung ganz bestimmter Rechtspflichten lag der exceptio doli auch im gemeinen Recht zugrunde. Sie fand für wenige begrenzte Fallgruppen Anwendung.[65] Zwar war es denkbar, daß sich einmal als seltene Ausnahme ein neuer Fall ergab. Stets diente die exceptio doli aber nur dazu, ein Minimum allgemein anerkannter, ewig gültiger praktischer Ethik dem Recht zu erhalten.[66] Sie war kein Hebel für eine grundlegende Rechtsumgestaltung.[67] Nur so ist zu verstehen, wenn ein Teil der Lehre fast unwidersprochen behaupten konnte, die exceptio doli solle dann keine Anwendung finden, wenn dadurch zwischen ihr und dem Gesetz ein Widerspruch entstehen würde.[68]
Das BGB lockerte also die Bindung des Richters an das Gesetz nur wenig. Die Autorität des Gesetzes sollte lediglich dort zurücktreten, wo seine Anwendung ein Mindestmaß ewig gültiger Ethik verletzen würde.

2.12. Rudolf Stammler

Rudolf Stammler war der einzige Jurist, der aufgrund des BGB die Bindung des Richters an die Autorität des Gesetzes grundsätzlich in Frage stellte. In der Vorschrift des § 242 BGB sah er eine Abkehr von der strengen Trennung zwischen Gerechtigkeit und Gesetz. Er meinte, das Gesetz selbst habe einen Wandel des Richterleitbildes angeordnet:

> "Es ist klar, daß das Gesetzbuch mit der Verweisung auf Treu und Glauben eine gegenständlich feste und formal einheitliche Art und Weise der Beurteilung von bürgerlichen Rechtsstreitigkeiten angiebt. Denn

ohne dieses hätte die allgemeine Aufstellung jenes Gesichtspunktes als einer selbständigen Instanz mit eigener Zuständigkeit keinen Sinn.
... (69)
Dieser Maßstab (Treu und Glauben) wird nun in § 242 BGB für die Feststellung und Bemessung der schuldnerischen Leistung eingesetzt. ... (70)
Treu und Glauben ist die Norm zur Entscheidung eines rechtlichen Streites, welche in einer besonderen Sachlage im Sinne des sozialen Ideals das Richtige angiebt. ... (71)
Nach dieser Grundauffassung des neuen Rechtes hat ein jeder ergänzender Rechtssatz die kritische Prüfung zu bestehen, ob er in dem besonderen Falle, der gerade zur Entscheidung steht, auch wirklich ein Ergebnis liefert, das mit Treu und Glauben vereinbar, das im Sinne des sozialen Ideals objektiv richtig ist. Und geschieht das nicht, so ist der Versuch des Gesetzgebers, dem Richter eine genügende Anleitung über Dasjenige zu geben, was nach objektiver Erwägung hier das Richtige sei, für diesmal nicht gelungen: jener ergänzende Rechtssatz hat zurückzutreten, die besondere zu treffende Entscheidung der konkreten Streitsache ist in selbständiger Weise nach Treu und Glauben vorzunehmen. ... (72)
So muß man zugeben, daß in der Sache es genügen würde, anstelle der vielen ergänzenden Rechtssätze, welche die Leistungen in besonderen Schuldverhältnissen regeln, den einen Satz zu haben, wie das GB ihn in § 242 aufstellt." (73)

"Treu und Glauben" sind die Leitbegriffe der Ausführungen Stammlers. Sie bezeichnen, wie er meint, die besondere Eigenschaft des bürgerlichen Rechts. Stammler definiert Treu und Glauben als Norm, die "im Sinne des sozialen Ideals das Richtige angiebt". Damit verweist er auf seine Rechtstheorie. Diese Rechtslehre nannte er die "Lehre vom richtigen Recht". Unter dem richtigen Recht verstand er kein neues Naturrechtssystem.[74)] Im Gegensatz zu den Naturrechtlern hielt er es nämlich für unmöglich, abstrahiert von Ort und Zeit grundsätzliche Aussagen über ein Recht an sich zu treffen.[75)] Stammler wollte eine Methode bestimmen, nach der in einer konkreten Situation der Inhalt des richtigen Rechts definiert werden könnte.[76)] Seine Lehre sollte nur Kriterien liefern, nach denen eine bestimmte Rechtsordnung auf Übereinstimmung mit dem richtigen Recht beurteilt werden konnte. Diese Kriterien, darin unterschied sich Stammler von den Anhängern des Naturrechts, sollten rein formaler Natur sein. Sie waren nicht selbst Inhalt des richtigen Rechts, sondern dienten nur dazu, diesen gerechten Inhalt ausfindig zu machen.[77)] Das Ergebnis, das sich aus der Anwendung dieser Methode auf den Einzelfall ergab, war das in diesem Fall richtige Recht. Diese Richtigkeit eines Rechtsinhalts, bezogen auf eine konkrete Situation, definierte er als das soziale Ideal.[78)] Stammler verwies damit auf ein Recht, das außerhalb des Gesetzes als dem positiven Recht stand.[79)] Stammlers Lehre litt darunter, daß die Kriterien, die er zur Entdeckung des richtigen Rechts entwickelte, schwer praktikabel waren und auch sein mußten.[80)] Welche Aussage sollten die Grundsätze des Achtens und Teilnehmens, die Stammler besonders hervorhob,[81)] zu einer politisch umstrittenen Frage treffen können? Das Problem, ob für die Eisenbahn oder für Nutztiere eine Gefährdungshaftung nötig war, ließ sich nach diesen Grundsätzen nicht lösen.

Für Stammler war § 242 BGB die gesetzliche Anerkennung seiner Lehre. Kraft positiv-rechtlicher Anordnung, so meint er, wird außergesetzliches Recht zum Gesetz. Dieses Gesetz erhält bei ihm den Platz, der ihm als Verweis auf die Gerechtigkeit zukommt. Alle anderen Bestimmungen des BGB, die sich mit der Feststellung und Bemessung einer Leistung befassen, hält er für ergänzende Rechtssätze. Dabei versteht Stammler den Leistungsbegriff so, wie er in § 241 Abs. 1 S. 1 BGB definiert wird: Die Leistung ist dasjenige, zu dem der Schuldner durch das Schuldverhältnis verpflichtet ist.[82)] Nur das Zustandekommen des Schuldverhältnisses, sei es rechtsgeschäftlicher oder gesetzlicher Natur, regelt sich nach Stammlers Auffassung nicht durch ergänzende Rechtsnormen. Das Ob und das Wie einer Leistungspflicht aber stehen unter dem Vorbehalt des § 242 BGB. Die Leistungspflicht richtet sich nach Stammlers Meinung allein nach dem sozialen Ideal. Ein Schuldverhältnis ohne Leistungspflicht ist für den Gläubiger nichts wert. Die Konsequenz der Lehre Stammlers ist somit, daß das gesamte Schuldrecht unter dem Vorbehalt des sozialen Ideals steht. Jede einzelne schuldrechtliche Bestimmung des BGB hat nach dieser Auffassung nur Gültigkeit, wenn sie den Grundsätzen des richtigen Rechts entspricht. Diese gesetzlichen Bestimmungen sind für Stammler lediglich Versuche des Gesetzgebers. Stammler benutzt somit eine gesetzliche Bestimmung, um alle anderen aus den Angeln zu heben. Man könnte die übrigen Regelungen, wie Stammler selbst zugibt, auch streichen. Für ihn würden sich daraus sachliche Änderungen auf dem Gebiet des Schuldrechts nicht ergeben. Bislang ist die Frage noch offen geblieben, wer die Akte des Gesetzgebers beurteilen soll. Die Entscheidung über das Gelingen oder Mißlingen der gesetzgeberischen Bemühungen soll, so meint Stammler, der Richter treffen. Ihm soll die kritische Prüfung der einzelnen Rechtssätze des Schuldrechts obliegen. Dabei muß der Richter auf jede Anleitung durch das Gesetz verzichten; ihm steht lediglich die formale Methode Stammlers zur Verfügung. Diese Methode soll es dem Richter ermöglichen, jeweils das soziale Ideal zu verwirklichen. Stammler überträgt dem Richter die Verantwortung für die gerechte Entscheidung eines jeden Falles auf dem Gebiet des Schuldrechts. In diesem Bereich ist daher das Gesetz nicht mehr die höchste Autorität für den Richter. Da die formale Methode Stammlers dem Richter in der Praxis keinen festen Orientierungspunkt bieten kann, bedeutet die Lehre Stammlers, daß der Richter sein eigenes Rechtsbewußtsein statt des Gesetzes zur Geltung bringen wird. Die Autorität des Richters auf dem Gebiet des Schuldrechts ist somit der Richter selbst.

2.13. Ernst Fuchs

Ernst Fuchs (1859 - 1929) war ein herausragender Vertreter der Freirechtsschule, die, ebenso wie Stammler, die Bindung des Richters an das Gesetz einschränken wollte. Er schrieb 1907:

> "Der Richter soll das Urteil suchen, das nach dem Rechtsgefühl der anständigen verständigen und in der Frage sachkundigen, unparteiischen und die einander gegenüberstehenden Interessen abwägenden Volksgenossen richtig ist. Eine solche Formulierung kann als Leitstern dienen, nachdem die Blicke des mitkämpfenden, rechtsordnenden und rechtsschaffenden Richters gerichtet bleiben müssen. Wir haben weiter erkannt, daß der nichtformalistische Richter heute schon nach jenem Leitsatz verfährt und stets verfahren hat." (83)

Fuchs meint, daß sich das Volk selbst das Recht gibt. Der Richter ist lediglich Mitkämpfer um das Recht, er soll sich bei seinem Kampf vor allem an das halten, was die anständigen Bürger für richtig halten. Dies ist für Fuchs zugleich Recht und Gerechtigkeit. Es bildet sich aus der Übereinstimmung der anständig denkenden Menschen. Nach Fuchs' Auffassung lassen sich Interessengegensätze im allgemeinen Einverständnis überbrücken. Er bewegt sich in einer harmonischen und guten Welt, in der ein allseits anerkanntes und befriedigendes Recht sich finden läßt. Nach diesem Ideal richtet sich auch sein Richterleitbild. Der Richter ist, wie er an anderer Stelle sagt, der Richterkönig.[84] So wie früher der König gleichzeitig Richter war, ist für Fuchs der moderne Richter ein König über den Parteien, er ist ein gütiger Schlichter in einer harmonischen Welt. Allerdings läßt sich das Bild einer harmonischen Rechtswelt für Fuchs nicht konsequent verwirklichen. Das Gesetz steht dem entgegen. Doch Fuchs weiß dieses Hindernis zu überwinden:

> "Die generelle Subsumtion mag geistig ein so verwickelter Prozeß sein, wie es physiologisch die Verdauung ist. Sie vollzieht sich aber in einem gesunden Hirn gerade so von selbst, wie die Verdauung in einem guten Magen. Alles, was unsere Universitätsjuristik tut, ist genau so überflüssig und schädlich, wie wenn man Kinder den Speichel und Magensaft zum Zweck der Verdauung absondern lehren wollte." (85)

Die Subsumtion, die Auslegung und Anwendung eines Gesetzes auf einen konkreten Sachverhalt, hält Fuchs für etwas Selbstver-

ständliches, es ist ein natürlicher Vorgang. Dieser Prozeß funktioniert von allein, man braucht nicht zu wissen, wie er vor sich geht. Wissenschaftliche Distanz, wie sie die Methodenlehre übt, ist für Fuchs fehl am Platz. Man braucht sie so wenig, wie man Arzt sein muß, um verdauen zu können. Damit wird für Fuchs die Subsumtion zu einem irrationalen Vorgang. Wissenschaftliche Kontrolle braucht und kann seiner Meinung nach nicht stattfinden.
Die Geltung des Gesetzes schränkt Fuchs sogar noch weiter ein:

> "Der modernistische Richter schwingt sich so wenig über den Gesetzgeber hinaus, wie der nicht am Buchstaben klebende, sondern den Vertrag nach Treu und Glauben, d.h. nach Billigkeit und Gerechtigkeit auslegende und ergänzende Richter sich damit über die Vertragsparteien wegsetzt." (86)

Nach Fuchs hat der Richter also die Gesetze nach Billigkeit und Gerechtigkeit auszulegen. Laband sah das Gesetz noch als situationsgebundenen Befehl an, für Fuchs ist es eine Willenserklärung im Sinne des bürgerlichen Rechts. Da ein Befehl nur eine besondere Form der Willenserklärung darstellt, führen beide Meinungen zu demselben Ergebnis: Der Richter hat die Befugnis, ein Gesetz als überholt anzusehen. Fuchs' Begriffe von Subsumtion und Recht lockern aber die Bindung des Richters an das Gesetz in weit stärkerem Maße. Wenn die Subsumtion ein natürlicher Vorgang ist, erzeugt sie auch ein natürliches Ergebnis. Dieses Ergebnis kann für Fuchs nicht der Kontrolle der Methodenlehre unterworfen sein, sondern nur derjenigen der anständigen Rechtsgenossen. Das Ergebnis kann nur gerecht sein. Somit erreicht Fuchs mit Hilfe der natürlichen Subsumtion Urteile ohne Grundlage im Gesetz.[87)] Trotzdem aber führt dies für ihn nicht zu Entscheidungen, die dem Gesetz widersprechen. Durch seinen Interpretationsbegriff vermag er, alle Gegensätze zwischen Recht und Gesetz hinwegzuinterpretieren und beides in vollkommene Harmonie zu bringen. Damit leugnet er den Gegensatz, der bis zu diesem Zeitpunkt die Diskussion um das Richterleitbild bestimmt hatte. Fuchs hebt die Bindung des Rich-

ters an das Gesetz auf, ohne daß er diese Bindung ausdrücklich verneint. Die neue Autorität des Richters ist die gemeinsame Überzeugung der anständig denken Menschen. Die Idee des Gesetzes als Gemeinschaftswillen, wie sie der Liberalismus aufgestellt hatte, ist Fuchs fremd.
In der Praxis der Industriegesellschaft mit ihren gegensätzlichen Interessen konnte Fuchs' Lehre nur darauf hinauslaufen, daß der Richter nach seinem eigenen Rechtsgefühl urteilte. Fuchs hatte also dasselbe Richterleitbild wie Kirchmann sechzig Jahre zuvor.[88)]

2.14. Philipp Heck

Die Richterleitbilder der Freirechtsschule blieben nicht ohne Widerspruch. Dies verwundert nicht, denn diese Ideale widersprechen dem modernen Rechtsbegriff. Wenn der Richterkönig den Inhalt des Rechts bestimmte, nahm er allen anderen Organen des Staates diese Möglichkeit. Daß sich im Richter die Souveränität des Staates darstellen sollte, widersprach jeder traditionellen Vorstellung.
Philipp Heck ging 1914 in seiner Lehre von der Gesetzesauslegung von dem Rechtsbegriff der Neuzeit aus, um die Freirechtsschule zu kritisieren:

> "Der Richter steht unter dem Gesetz. Die Rechtsgemeinschaft, die im Staate wirksam wird, ist nicht nur nach außen souverän, autonom, sondern auch nach innen, in ihrem Verhältnis zum Richter. Diese Unterordnung ist nicht etwa nur eine Folgerung aus dem Postulate der Rechtssicherheit, sondern eine notwendige Konsequenz eines staatsrechtlichen Prinzips, des allgemeinen Werturteils, welches den in Gesetzesform erklärten Willen der Gesamtheit dem Willen des einzelnen Staatsbürgers voranstellt." (89)

Nach Hecks Rechtsbegriff beherrscht der Staat das Recht. Die Rechtsgemeinschaft, die den Staat bildet, hält Heck für autonom. Sie ist also nicht von irgendwelchem Recht abhängig, das ein anderer ihr gibt. Sie kann selbst den Inhalt des Rechts bestimmen; für Heck ist ein vorgegebenes Recht nicht denkbar.

Dieser Rechtsbegriff entspricht dem Ideal des souveränen Staates und damit zugleich dem liberalen Freiheitsbegriff. Die Rechtsgemeinschaft kann zwischen mehreren Möglichkeiten wählen, wenn sie bestimmt, was Recht sein soll.
Diese Freiheit nutzt die Rechtsgemeinschaft nach Hecks Auffassung, indem sie sich Gesetze gibt. Da die Gesetze somit Ausdruck der Autonomie der Rechtsgemeinschaft sind, ist der Richter an sie gebunden. Nach Hecks Lehre ist es dabei gleichgültig, auf welche Weise sich die Rechtsgemeinschaft ihr Recht schafft. Er hält es, wie es an anderer Stelle heißt, durchaus für möglich, daß allein einem absoluten Herrscher die Gesetzgebungsbefugnis von der Rechtsgemeinschaft zugestanden wird.[90)]
Wie sich nach Hecks Auffassung die Bindung des Richters an den Willen der autonomen Rechtsgemeinschaft vollziehen soll, zeigt sein Gesetzesbegriff. Das Gesetz definiert er als Werturteil:

> "Die Gesetze sind die Resultanten der in jeder Rechtsgemeinschaft einander gegenübertretenden und um Anerkennung ringenden Interessen materieller, nationaler, religiöser und ethischer Richtung." (91)

Wie Ihering hält auch Heck das Gesetz für eine Entscheidung zwischen gegensätzlichen Interessen.[92)] Das Gesetz entscheidet über die Bedeutung eines jeden Interesses für die Rechtsordnung. An diese Bewertung ist auch der Richter nach Hecks Meinung gebunden. Seine Aufgabe besteht darin, die Werturteile der Gesetze nachzuvollziehen, wenn er ein Urteil fällt.
Von dieser Position aus warnt Heck vor dem Richterkönig, der statt gerecht nur parteiisch wäre.[93)] Er verlangte sogar, daß der Richter auch ein offensichtlich verfehltes Gesetz anwendete, um die Autonomie der Rechtsgemeinschaft nicht zu verletzen.[94)] Für Heck war es nämlich keine Frage, daß der Richter niemals die Entscheidung für die Rechtsgemeinschaft fällen konnte. Dazu erschienen ihm die Anschauungen innerhalb dieser Rechtsgemeinschaft zu gegensätzlich.[95)] Nur in ganz seltenen Fällen hielt Heck den Richter für befugt, vom Gesetz abzuweichen. Er definierte diesen Vorgang als "Randberichtigungen".[96)]

Dabei ging Heck wiederum von der Idee der Autonomie der Rechtsgemeinschaft aus. Nach seiner Auffassung war es möglich, daß der Wortlaut eines Gesetzes den Interessen nicht entsprach, die die Rechtsgemeinschaft befriedigen wollte.[97)] Dies war, so meinte Heck, dort der Fall, wo ein Sachverhalt zwar vom Gesetz mit geregelt wurde, dies aber nicht im Sinne der gesetzgebenden Organe war.[98)]
Man wollte den am Rande liegenden Sachverhalt nicht treffen.

Heck stellte die Autorität des Gesetzes für den Richter gegenüber den Angriffen der Freirechtsschule wieder her. Der Gehorsam vor dem Gesetz bedeutete für ihn aber nicht so sehr den Gehorsam gegenüber dem Wortlaut des Gesetzes, sondern gegenüber der darin getroffenen Interessenregelung.

2.15. Gustav Radbruch

Das Problem der unterschiedlichen Bewertung dessen, was gerecht ist, war auch das Leitthema Gustav Radbruchs. Auch er glaubte nicht mehr an ein allgemein anerkanntes Wertsystem für das Recht. Daher bemühte er sich in seiner Rechtstheorie, dem Relativismus, nur noch um die Erkenntnis dessen, "was formalen Charakter an sich trägt".[99)] Es war nicht mehr viel, was diese Rechtstheorie 1914 dem Richter als würdige Autorität anzubieten hatte:

> "Wir verachten den Pfarrer, der gegen seine Überzeugung predigt, aber wir verehren den Richter, der sich durch sein widerstrebendes Rechtsgefühl in seiner Gesetzestreue nicht beirren läßt - denn das Dogma hat nur als Ausdruck des Glaubens, das Gesetz aber nicht nur als Niederschlag der Gerechtigkeit seinen Wert, sondern auch als Instrument der Rechtssicherheit, und vornehmlich als solches ist es in die Hand des Richters gegeben. Nur der sollte sich deshalb dem Berufe des Richters zuwenden, der sich mit dem entsagungsvollen Bewußtsein durchdrungen hat, daß der Richter Diener nicht der Gerechtigkeit, sondern nur der Rechtssicherheit sei, und auch das Pathos dieser bescheidenen Aufgabe in sich lebendig zu erhalten vermag. ...

> Ein gerechter Mann gilt mehr denn ein nur rechtlicher Mann, aber ein rechtlicher Richter ist eben dadurch (und nur dadurch) auch schon ein gerechter Richter." (100)

Radbruch vermochte nur noch die Erhaltung der Rechtssicherheit als Aufgabe der Rechtsordnung zu erkennen. Nach seiner Auffassung konnte diesen Zweck allein das Gesetz erfüllen. Daher trat er für die bedingungslose Bindung des Richters an das Gesetz ein.
Radbruch spricht von dem Pathos des Richters, der mit einem "entsagungsvollen Bewußtsein" das Gesetz anwendet. Er weiß, wie Bergbohm und Ihering vor ihm, sehr wohl, daß Konflikte zwischen Gesetz und Gerechtigkeit denkbar sind. Er nimmt den Begriff Iherings von dem gesetzestreuen als dem gerechten Richter wieder auf. Anders als bei Ihering wird die Erhaltung der Rechtssicherheit durch den Richter bei Radbruch sogar religiös verbrämt. Wie der Pfarrer seine heilige Aufgabe darin sieht, allein seinen Glauben zu verkündigen, sieht der Richter sie darin, seinen Glauben zu verschweigen. Mehr noch als bei Heck wird die Gesetzesbindung des Richters zur letzten Möglichkeit, Rechtssicherheit und Ordnung zu erhalten.

2.16. Die Weimarer Reichsverfassung

Die Weimarer Reichsverfassung verwirklichte endgültig den Traum der Liberalen, die Volkssouveränität. Das Volk mußte das Gesetzgebungsrecht nicht mehr, wie im Konstitutionalismus des kaiserlichen Deutschlands, mit dem Kaiser teilen. Entsprechend der liberalen Tradition der Mehrheit der Nationalversammlung bedurfte es keiner Diskussion, als es um die Frage ging, ob der Richter an das Gesetz gebunden sein sollte. Artikel 102 der Reichsverfassung bestimmte:

> "Die Richter sind unabhängig und nur dem Gesetz unterworfen."

Die Mitglieder der Nationalversammlung verkannten ebenso wie die damalige Staatsrechtslehre, daß die Bindung des Richters an das Gesetz durchaus nicht unproblematisch war. Im Kommentar von Anschütz, dem Standardwerk zur Weimarer Reichsverfassung, heißt es zum Problem des Richterleitbildes knapp und deutlich: "Das Gesetz ist für ihn (den Richter) unbedingt bindend, er hat es einfach anzuwenden".[101)]

2.17. Zusammenfassung

Bis zum Ende des Ersten Weltkrieges herrschte ein positivistisches Richterleitbild vor. Aber es gab durchaus Gegenstimmen. Im 19. Jahrhundert sprachen sich vor allem Savigny und Kirchmann gegen die Bindung des Richters an das Gesetz aus. Anfang des 20. Jahrhunderts verstärkte sich die Neigung, den Gesetzesgehorsam des Richters zu verneinen. Dabei war die Bewegung der Freirechtsschule federführend. Allen diesen Stimmen gegen den Gesetzespositivismus war gemeinsam, daß sie an die Stelle des Gesetzes eine weitgehend undefinierte Autorität setzten. Die praktische Auswirkung dieser verschwommenen Autoritäten konnte nur sein, daß der Richter nach seinem eigenen Ermessen entschied, nach welchen Gesichtspunkten er seine Urteil fällte. Der Richter wurde damit zu seiner eigenen Autorität.

3. Die Ursache der Krise der Rechtsprechung: Die Inflation

Die Diskussion um das Richterleitbild im 19. und am Anfang des 20. Jahrhunderts war ohne praktischen Bezug geblieben. Die Vorstellungen, die die Juristen und insbesondere die Richter von einer gerechten Ordnung hatten, stimmten im großen und ganzen mit den sozialen und politischen Verhältnissen des Kaiserreiches überein. Damit war die Frage nach der Gesetzesbindung des Richters nur eine theoretische Spielerei philosophierender Juristen. Daher verwundert es auch nicht, daß die Väter der Weimarer Verfassung diesem Problem keine Beachtung schenkten.

Ein praktischer Konflikt für die Frage nach dem Richterleitbild konnte sich erst ergeben, als viele Juristen an die Gerechtigkeit eines Gesetzes nicht mehr glaubten. Erst im Konflikt zwischen der empfundenen Gerechtigkeit, dem Rechtsgefühl und der Volksmeinung auf der einen Seite und dem Gesetz auf der anderen Seite, konnte sich erweisen, welche Autorität die stärkere war.

Jener Konflikt um das Richterleitbild der Juristen der Weimarer Zeit ergab sich schon bald, nachdem die verfassunggebende Nationalversammlung auseinandergegangen war. Dabei ging es um die juristische Bewältigung der Inflation. Die Inflation war eine Folge des Krieges. Die Anfänge der Geldentwertung reichten bis zum Kriegsbeginn im Jahre 1914 zurück.

Die Mark als Währung des Deutschen Reiches war eine Goldwährung gewesen. Die Reichsbank war verpflichtet, ein Drittel des Notenumlaufs in Gold oder solchen Papieren, die sich jederzeit in Gold eintauschen ließen, zu decken.[102] Die restliche Deckung konnte durch Wechsel von Privatleuten erfolgen. Zugleich war die Reichsbank verpflichtet, Banknoten jederzeit in Goldmünzen einzutauschen. Daran änderte sich auch nichts, als durch eine Novellierung des Bankgesetzes im Jahre 1909 der Zwangskurs für Banknoten eingeführt wurde und damit jedermann verpflichtet war, Banknoten als Erfüllung anzunehmen.[103] Daß Art. 3 des Gesetzes zur Änderung des Bankgesetzes von großer praktischer Bedeutung war, zeigte sich erst mit Kriegsbeginn. Durch Gesetz vom 4. August 1914 [104] wurde die Reichsbank von der Verpflichtung befreit, Banknoten in Goldmünzen umzutauschen. Trotzdem blieb es bei der Annahmepflicht für Banknoten im allgemeinen Zahlungsverkehr. Diese Pflicht wurde sogar noch erweitert. Durch Verordnung des Bundesrats vom 28. September 1914 [105] wurden alle Vereinbarungen, die eine Zahlung in effektivem Gold vorsahen, für unverbindlich erklärt. Fortan konnten auch solche Forderungen zum Nennwert in Banknoten beglichen werden. Durch Änderungen des Bankgesetzes[106] und des Darlehnskassengesetzes[107] wurde die Reichsbank ermächtigt, Wechsel und Schuldverschreibungen des Reiches sowie Darlehnskassenschei-

ne[108] zur Deckung von Banknoten heranzuziehen. Auf diese Weise entstand "eine Geldschöpfung aus dem Nichts".[109] Während des Krieges machte das Reich in immer größerem Umfang von dieser Art der Geldschöpfung Gebrauch. 1914 diskontierte die Reichsbank Schatzanweisungen in Höhe von 7.831,0 Millionen, 1918 in Höhe von 233.986,8 Millionen Mark.[110] Das Reich bezahlte den Krieg zum größten Teil durch eine Aufblähung des Geldumlaufs.[111] Man wagte nicht, die riesige überflüssige Geldmenge durch Steuern abzuschöpfen. Lediglich 6 % der deutschen Kriegsausgaben wurden durch ordentliche Einnahmen gedeckt.[112] Soweit der Krieg nicht durch die Notenpresse finanziert wurde, legte man Anleihen auf. Dies entsprach der offiziellen Mentalität allgemeiner Siegeszuversicht am besten. Der spätere Reichsfinanzminister Helferich sprach aus, was die meisten dachten, als er 1915 im Reichstag die Anleihepolitik verteidigte: "Das Bleigewicht der Milliarden haben die Anstifter des Krieges verdient. Sie mögen es durch die Jahrzehnte schleppen, nicht wir."[113]
Durch die unsolide Kriegsfinanzierung verteilte der Staat Ansprüche auf ein Sozialprodukt, das es nicht gab.[114]
Der geringen verfügbaren Gütermenge stand eine riesige Kaufkraft gegenüber. Dies zeigte sich schon während des Krieges. Bei Kriegsende hatte die Mark bereits die Hälfte ihres Vorkriegswertes eingebüßt. Mit der allmählichen Aufhebung der Zwangswirtschaft kam das volle Ausmaß der Geldaufblähung an den Tag. Im März 1919 war die Mark auf ein Drittel des Vorkriegswertes gesunken. Damit war die Inflation jedoch keineswegs beendet. Die Reparationsleistungen und die hohe Staatsverschuldung heizten die Inflation weiter an.[115] Hinzu trat ein Verteilungskampf zwischen Unternehmern und Arbeitern. Der Achtstundentag und höhere Löhne ließen sich nur durch die Inflation bezahlen.[116] Die folgende Tabelle zeigt im einzelnen die Geldwertverschlechterung zwischen 1920 und 1923:

Die Goldmark steht hier für den Wert der Reichsmark des Jahres 1914.

	Wert in Papiermark	Goldmark
1. Juni 1920	100	10,32
1. Dezember 1920	100	6,20
1. Juni 1921	100	6,88
1. Dezember 1921	100	2,37
1. Juni 1922	100	1,52
1. Dezember 1922	10.000	5,80
1. Februar 1923	10.000	1,35
1. April 1923	10.000	2,02
1. Juni 1923	100.000	6,47
1. August 1923	1.000.000	3,98
1. Oktober 1923	100.000.000	1,35
1. November 1923	100 Milliarden	1,53
20. November 1923	1 Billion	1,00[117)]

Die Zahlen zeigen, daß die Inflation nicht linear verlief. Es war keine ausgemachte Sache, daß die Mark endgültig zusammenbrechen würde. Die Minderung des Geldwerts war wiederholt von Aufwärtsentwicklungen unterbrochen worden. Manchmal schienen sogar Chancen für eine Stabilisierung zu bestehen.[118)] Durch die Inflation wurden die Kriegslasten endgültig zu Lasten der Sparer verteilt. Wer Forderungen sein eigen nannte, wurde zur Kriegsfinanzierung herangezogen. Die Inflation ersparte es der schwachen Reichsregierung, offen, etwa durch eine im Parlament durchzusetzende Steuer- und Währungsgesetzgebung, die Kriegslasten zu verteilen.[119)] Sie nahm auch dem Verteilungskampf zwischen Unternehmern und Arbeitern jene Schärfe, durch die es sonst vielleicht zu einer Revolution gekommen wäre.[120)]
Die Stabilisierung der Mark gelang erst Ende 1923, nachdem die deutsche Währung faktisch beseitig worden war, weil niemand sie mehr als Zahlungsmittel annahm. Erst angesichts rasch wachsender Arbeitslosigkeit und einer drohenden Versorgungskatastrophe war es möglich, mit Einführung der Rentenmark die In-

flation zu beenden. Die Wirkung der Inflation auf die Verteilung von Vermögen ist bisher nicht abschließend geklärt.[121] Oft heißt es, die Inflation habe breite Schichten des Mittelstandes verarmen lassen.[122] Fest steht, daß durch die Inflation die Schuldner gewonnen und die Gläubiger verloren haben. Es ist aber schwierig, aus dieser Tatsache Schlußfolgerungen für die Verteilungswirkungen der Inflation auf einzelne Volksschichten zu ziehen. Kaum jemand ist nur Schuldner oder nur Gläubiger. Über die Verteilung von Forderungen und Schulden auf einzelne Bevölkerungsgruppen lassen sich kaum Angaben machen.[123] Es gibt in Deutschland seit jeher keine Vermögensstatistiken. Sicher ist allerdings, daß es eine Reihe von Rentiers gab, die allein von ihren Zinseinkünften lebten. Sie fielen, soweit sie alt oder krank waren, der Fürsorge anheim.[124]

Über die wirtschaftlichen Auswirkungen der Inflation dürfen ihre psychologischen Folgen nicht vergessen werden. Die Inflation stellte den Sinn der bestehenden Wirtschaftsordnung in Frage. Die Beziehungen zwischen Gläubigern und Schuldnern waren Grundlage des liberalen Systems. Als sie in völlige Unordnung gerieten, mußte man auch an den Tugenden zweifeln, die den Liberalismus erfolgreich gemacht hatten. Sparsamkeit und Fleiß vieler Jahre erwiesen sich in der Inflation als nutzlos. Durch Spekulation und Verstöße gegen die Wirtschaftsgesetze ließ sich leicht ein Vermögen bilden, ehrliche Arbeit garantierte höchstens ein bescheidenes Auskommen.[125] Die Inflation bestrafte die Sparer und belohnte die Spekulanten. Die Bildung von Reichtum wurde zum Spiel und zur Lotterie.[126] Sie stellte alle "geheimen Kräfte der Wirtschaftsgesetze in den Dienst der Zerstörung, und zwar in einer Weise, die nicht einer unter Millionen richtig zu erkennen imstande ist."[127] Die Menschen waren Figuren in einem Spiel, das sie weder begreifen noch beeinflussen konnten. Ihre ohnmächtige Wut richtete sich gegen jene, die es verstanden, aus der Katastrophe der Geldentwertung Kapital zu schlagen: die Inflationsgewinner.

Sie waren nicht nur in Industrie und Handel zu finden. Der Staat war der größte unter ihnen. Reparationen, Kriegsfolgen, Investitionen und höhere Löhne konnte das Land nach Meinung der Reichsregierung nur verkraften, wenn man der Inflation ihren Lauf ließ.

Es verwundert nicht, daß sich viele Bürger mit aller Kraft gegen eine solche Politik wendeten. Sie verlangten die Aufwertung. Sie wollten durchsetzen, daß Forderungen nicht mehr mit ihrem Nennwert, sondern nur mit ihrem tatsächlichen Wert zum Zeitpunkt der Entstehung erfüllt werden konnten. Je schneller die Inflation ihren Lauf nahm, desto kräftiger erscholl dieses Verlangen. Es führte zu einer Volksbewegung. Sparerschutzbünde und Interessenverbände bildeten sich und nahmen Einfluß auf Parlament und Öffentllichkeit. Teilweise war ihnen Erfolg beschieden. Die dritte Steuernotverordnung und das Aufwertungsgesetz von 1925 sahen immerhin eine bescheidene Aufwertung vor.

Dem Kampf um die Aufwertung konnten sich auch die Juristen nicht entziehen. Im Gegensatz zur untätigen Reichsregierung konnten die Richter der Inflation nicht unbeteiligt zusehen. Die Gerichte mußten entscheiden, sei es für oder gegen eine Aufwertung. Dabei drängten sich den Richtern vor allem zwei Rechtsfragen auf: die Frage nach der Vertragsveränderung von Dauerschuldverhältnissen und die Hypothekenaufwertung.

4. Das erste Problem: Die Vertragsveränderung

Bei der Frage der Vertragsveränderung ging es darum, ob Dauerschuldverhältnisse, etwa Mietverträge oder langfristige Lieferungsverträge, trotz der Inflation unverändert in Kraft bleiben sollten. Sollte ein Mieter mit zehnjährigem Mietvertrag, der 1914 jährlich 1.000 Mark zahlte, auch 1922 nur den gleichen Betrag schulden? 1914 waren 1.000 Mark ein Drittel des Jahreseinkommens des Mieters, 1922 konnte man mit diesem Betrag keine

Streichholzschachtel mehr kaufen.

4.1. Die gesetzliche Lösung des Problems

Das BGB war ein Werk des 19. Jahrhunderts.[128] Die Lehre des Liberalismus fand ihre Ausprägung im bürgerlichen Recht durch den Grundsatz der Privatautonomie.[129] Sie enthielt das Recht des einzelnen, seine privatrechtlichen Beziehungen nach seinem Willen mit Hilfe eines Rechtsgeschäftes zu gestalten. Durch Vertrag war es ihm möglich, in Übereinstimmung mit anderen fast jeden denkbaren rechtlichen Erfolg zu erreichen. Der Vertrag kam in der Regel allein durch zwei übereinstimmende Willenserklärungen zustande. Diese Erklärungen allein bestimmten auch den Inhalt des Vertrages.[130]
Der Richter konnte den Vertragsinhalt nur deuten, indem er die Willenserklärungen der Parteien auslegte. Die Auslegung reichte nach allgemeiner Meinung nur so weit, wie sich Anknüpfungspunkte in den Willenserklärungen fanden.[131] Die Möglichkeit der Parteien, nach ihrem Willen einen rechtlichen Erfolg zu erreichen, hatte umgekehrt zur Folge, daß der einzelne für seinen Willen einstehen mußte. Wer eine Pflicht übernahm, hatte sie auch zu erfüllen.[132] Der Grundsatz der Privatautonomie führte demzufolge dazu, daß soziale Kontrollen des Vertragsinhalts nur ganz ausnahmsweise, wie etwa im § 138 BGB, in Betracht kamen. Deshalb entschied sich das BGB gegen jedes materielle Äquivalenzprinzip.[133] Das Wertverhältnis von Leistung und Gegenleistung war Bestandteil des Vertragsinhalts und damit allein Sache der Parteien. Selbst wenn nach Vertragsabschluß durch irgendeinen Umstand sich das Wertverhältnis von Leistung und Gegenleistung wesentlich verschob, änderte sich dadurch nichts an der Gültigkeit des Vertrages. Das BGB erkannte die Lehre von der clausula rebus sic stantibus nicht an. Nach dieser Lehre wurde die durch die Veränderung eines Umstandes stark benachteiligte Partei von ihrer Leistungspflicht befreit. Das BGB machte nur bei gegenseitigen Verträgen mit Vorleistungspflicht und bei Darlehnsverträgen in den §§ 321, 610

BGB Ausnahmen.
Die Väter des BGB sprachen sich ansonsten in den Motiven und Protokollen gegen die clausula aus.[134] Sie meinten, entsprechend der Lehre von der Privatautonomie, ein Umstand könne nur Vertragsinhalt sein oder aber er sei unbeachtlich.[135]
Die Lehre von der clausula war unter dem Einfluß des Naturrechts der Aufklärung entstanden. Leyser[136], Grotius[137] und Pufendorf[138] vertraten diese Lehre. Sie entsprach der Ethik des Rechts der Aufklärung. Die Privatrechtswissenschaft des 19. Jahrhunderts übernahm sie nicht. Der Versuch Windscheids, sie 1854 mit willenstheoretischer Begründung als "unentwickelte Bedingung"[139] wieder einzuführen, war gescheitert. Durch die Ablehnung der clausula war das BGB ein für stabile Verhältnisse gutes Gesetz, solange die Verhältnisse so stabil waren wie in der Zeit zwischen der Reichsgründung und dem Ersten Weltkrieg. Die Bindung an den Vertrag blieb auf jeden Fall bestehen, selbst wenn es wirtschaftliche Schwankungen gab. Damit diente das Vertragsrecht selbst dazu, diese Schwankungen auszugleichen.
Die Regelung des BGB für das Problem der Vertragsveränderung durch Inflation steht somit fest. Vertragsinhalt in dem oben genannten Beispiel ist es, gegen die Zahlung von 1.000 Mark jährlich die Mieträume zur Verfügung zu stellen. Die Erklärungen der Parteien haben keinen darüber hinausgehenden Inhalt. Daß die Mark des Jahres 1922 durch die Inflation fast nichts mehr wert ist, ist nicht Bestandteil des Vertrages. Dieser Umstand verschiebt zwar das Wertverhältnis von Leistung und Gegenleistung beträchtlich, aber die Lehre von der clausula rebus sic stantibus, die den Umstand der Inflation berücksichtigen würde, ist in den gesetzlichen Regelungen des BGB nicht enthalten.

4.2. Die Problematik der gesetzlichen Lösung

Nach dem Ende des Krieges sollte sich zeigen, daß die strenge Bindung an Verträge, wie das BGB sie vorschrieb, nicht unproblematisch war. So gut sie in stabile Zeiten paßte, so schlecht konnte sie sich in instabilen Zeiten auswirken. Der Ruin eines Vermieters, wie er sich aus dem oben beschriebenen Beispiel ergeben konnte, mochte gesamtwirtschaftlich noch folgenlos sein. Der Bankrott großer Unternehmen mit vielen Arbeitnehmern war schon eine andere Sache. Die Dimension, die das Problem der Vertragsveränderung annahm, zeigt sich an einem Fall, den das Reichsgericht 1921 entschied:

Der Kläger hatte bei der Beklagten, der Opel-AG, im August 1919 einen Kraftwagen zum Festpreis von 54.500 Mark bestellt. Die Lieferung sollte innerhalb von sechs Monaten erfolgen. Schwierigkeiten in der Rohstoffversorgung, die die Beklagte nicht verschuldet hatte, führten dazu, daß das Fahrzeug frühestens Anfang April 1921 hätte fertiggestellt werden können. Schon im Februar 1920 stellten sich die voraussichtlichen Selbstkosten der Beklagten auf 150.000 bis 160.000 Mark. Der vorliegende Auftrag war kein Einzelfall, insgesamt hatte die Beklagte Aufträge für mehr als 2.000 Kraftwagen zum Festpreis hereingenommen. Alle diese Verträge hätten bei Erfüllung Verluste in der Größenordnung dieses Falles mit sich gebracht.

Der Kläger klagte auf Lieferung zum 1919 vereinbarten Festpreis, die Beklagte lehnte dies ab.[140)]

Nach den Regeln des BGB war der Fall eindeutig zu lösen. Vertragsinhalt war die Lieferung des Fahrzeugs zu dem vereinbarten Preis. Der Beklagten war die Leistung möglich; der Umstand, daß sich die Herstellung wesentlich verteuert hatte, hatte für den Vertragsinhalt keine Bedeutung. Das Gericht hätte der Klage also stattgeben müssen.

Die Lösung des Falles entsprechend dem Gesetz hätte zu beträchtlichen wirtschaftlichen und sozialen Auswirkungen führen können. Die Beklagte war ein großes Risiko eingegangen, als sie einen Festpreis vereinbarte; andererseits hätte sie zu gleitenden Preisen nicht verkaufen können. Sie hätte also ihren Betrieb schließen müssen, bis sich die Zeiten wieder besserten. Doch dann hätte sich nach dem Krieg die Wirtschaft nicht mehr erholt. Es fragte sich, ob es unter diesen Umständen zu verant-

worten war, die Opel-AG dem Konkurs auszuliefern. Viele Arbeitsplätze wären verlorengegangen. Dagegen hätte der Kläger ohne einen Handschlag 100.000 Mark verdient. Die Richter standen vor einer schwierigen Frage. Folgten sie der Autorität des Gesetzes, wären diejenigen bestraft worden, auf die das Land angewiesen war. Ohne eine arbeitende Industrie war das Chaos unabwendbar. Verwarfen die Richter aber die gesetzliche Lösung, so standen sie vor der Frage, was sie an die Stelle des Gesetzes setzen sollten. Dann bestand die Gefahr, ein anderes Chaos, das der Rechtsunsicherheit mit all ihren Folgen, heraufzubeschwören. Die Warnungen Iherings, Bergbohms und Radbruchs konnte man nicht einfach in den Wind schlagen.
Der Konflikt um das Richterleitbild war eingetreten.

4.3. Beispiele der Reaktion auf den Konflikt

4.3.1. Die Entscheidung RGZ 86, 397

Nach dem Ausbruch des Weltkrieges befaßte sich das Reichsgericht in dem Urteil RGZ 86, 397 ff. vom 4. Mai 1915 zum erstenmal mit dem Problem der Veränderung eines Vertrages. Dem Urteil lag folgender Sachverhalt zugrunde:

Der Kläger hatte ein Zirkusgebäude für die Zeit vom 1. September 1914 bis zum 31. August 1915 gemietet. Da der Krieg das Zirkusgeschäft beeinträchtigte, wollte der Kläger sich des Vertrages entledigen. Er erhob Klage gegen den Beklagten, den Vermieter des Gebäudes, mit dem Antrag, das Gericht möge feststellen, daß er, der Kläger, an den Mietvertrag nicht mehr gebunden sei. Das Reichsgericht wies die Klage mit der folgenden Begründung ab:

> "Da durch die Vorschriften des geltenden Rechtes dem Richter nicht die Machtbefugnis erteilt ist, zwecks Milderung der Härte des Krieges einen Ausgleich zwischen den Vertragsparteien zu schaffen, handelt es sich nur um die Frage, ob dem Kläger wegen des Kriegsausbruchs ein Rücktrittsrecht von dem über das Zirkusgebäude des Beklagten abgeschlossenen Miet-

> vertrag zusteht, und das ist zu verneinen. ...
> Ein Rücktrittsrecht wegen veränderter Umstände ist, wie die Revision nicht verkennt, im Bürgerlichen Gesetzbuch im allgemeinen nicht gegeben und könnte hier nur dann anerkannt werden, wenn es als stillschweigend vereinbart anzusehen wäre. ...
> Dem Vorderrichter ist aber darin beizupflichten, daß auch bei weitester Berücksichtigung der in den §§ 133, 157 BGB ausgesprochenen Grundsätze aus dem Vertrage nicht entnommen werden kann, daß der Kläger zurücktreten könne, wenn er wegen eines Krieges das Zirkusgebäude nicht mehr mit Gewinn benutzen könnte. Treu und Glauben und die Verkehrssitte rechtfertigen keineswegs die Abwälzung des dem Kläger durch den Krieg entstehenden Schadens auf den Beklagten." (141)

Die Leitbegriffe dieses Urteils finden sich schon im ersten Satz der Urteilsbegründung, nämlich die "Vorschriften des geltenden Rechts" und die "Machtbefugnis". Das geltende Recht ist für das Gericht allein das Gesetz. Dieses schreibe vor, daß der Vertrag die Parteien bindet. Die Wortwahl verdeutlicht diese Einstellung der Richter zum Gesetz. Das Gericht spricht von der "Abwälzung" des Schadens, den der Kläger durch den Krieg erlitten hat. Dieser Begriff kennzeichnet die vom Gesetz abweichende Lösung in negativer Weise. Der Begriff "Machtbefugnis" des Richters korrespondiert mit der vom Gericht bejahten strengen Bindung an das Gesetz. Dem Richter ist gegenüber dem Gesetz gerade keine Machtbefugnis gegeben, er hat das Gesetz nur anzuwenden. Hinter dieser für das Gericht eindeutigen Rechtslage tritt das wirtschaftliche Problem, die Auswirkung des Krieges auf Verträge, völlig zurück. Nur in einem Nebensatz stellt das Gericht fest, daß der Krieg keine Bedeutung für den Vertrag hat. Die wirtschaftliche Frage ist also nach Auffassung des Gerichts juristisch völlig unbeachtlich. Auch die weiteren Ausführungen dieses Urteils lassen erkennen, daß das Gericht die Revision fast für unsinnig hält. Der Superlativ der "weitesten Berücksichtigung" von §§ 133, 157 BGB zeigt, daß es lange hat suchen müssen, um überhaupt mehr als den ersten Satz der Urteilsbegründung abfassen zu können.
Dieses Urteil zeigt, daß die Autorität des Gesetzes für den

Richter 1915 unumschränkt galt. Die Krise war in diesem Jahr noch fern. Die gesetzliche Lösung schien damals auch noch gerecht zu sein. Der schnelle Sieg, von dem man im August 1914 geträumt hatte, war zwar nicht eingetreten, doch minderte dies die Siegeszuversicht nur mäßig. Man glaubte noch, daß dieser Krieg die Welt nicht aus den Angeln heben würde. Die Kriegsfolgen schienen noch absehbar. Zwar gab es hier und dort für einzelne Härten, doch diese Härten hielt man für erträglich. Angesichts dieses Glaubens war das Urteil des Reichsgerichts nicht nur gesetzmäßig, sondern auch nach allgemeiner Ansicht gerecht und vernünftig.

4.3.2. Das Urteil RGZ 100, 129

Knapp fünf Jahre lagen zwischen dem Urteil des Reichsgerichts im 86. Band und dieser neuen Entscheidung zum Problem der Vertragsveränderung. Dem Urteil lag der folgende Sachverhalt zugrunde:

Die Klägerin hatte 1912 an den Beklagten gewerbliche Räume vermietet und sich zugleich verpflichtet, während der Mietzeit Wasserdampf zu einem Festpreis zu liefern. Der Vertrag endete im März 1920.
Die Klägerin verlangte eine Nachzahlung auf den von ihr gelieferten Wasserdampf. Er hatte sie 89.000 Mark mehr gekostet, als der Beklagte für ihn gezahlt hatte.
Landgericht und Berufungsgericht wiesen die Klage ab, das Reichsgericht gab mit Urteil vom 21. September 1920 der dagegen erhobenen Revision statt.
Das Reichsgericht hielt eine Anpassung des Preises für Wasserdampf im Wege eines gerechten Interessenausgleichs zwischen den Parteien für rechtens. Das Gericht begründete das Urteil im wesentlichen in den folgenden Absätzen:

> "Dagegen hat das Reichsgericht in den letzten Jahren in einer Reihe von Entscheidungen sowohl des erkennenden Senats als auch anderer Senate dem durch den ungeahnten Verlauf und Ausgang des Krieges herbeige-

führten Umsturz und Umschwung aller wirtschaftlichen Verhältnisse ausnahmsweise eine derartige Einwirkung auf bestehende Verträge eingeräumt, daß es das Begehren einer Vertragspartei auf Lösung des Vertragsverhältnisses dann als berechtigt erachtet hat, wenn ihr das Aushalten des Vertrages unter den neuen, völlig veränderten Zuständen wirtschaftlich nicht mehr zugemutet werden konnte. Die Anknüpfung an das positive Gesetzesrecht boten und bieten die §§ 242 und 325 BGB. Beherrschen nach den ersteren Vorschriften Treu und Glauben die Erfüllungspflicht des Schuldners wie dementsprechend gegenseits auch das Erfüllungsrecht des Gläubigers - sein Recht auf die Erfüllung -, so kann unter diesem Gesichtspunkte die Erfüllung eines Vertrags nicht mehr geschuldet und gefordert werden, wenn infolge völliger Veränderung der Zustände die Vertragsleistung jetzt wirtschaftlich zu einer ganz anderen geworden ist, als wie sie ursprünglich von beiden Parteien gedacht und gewollt war. Und ist im § 325 BGB unter Unmöglichkeit nicht nur die tatsächliche, sondern auch die wirtschaftliche Unmöglichkeit zu verstehen, so tritt damit im Gesetz die clausula rebus sic stantibus insoweit unverhüllt zutage. ...
Allerdings hat der Senat in einer Entscheidung vom 4. Mai 1915 (Bd. 86, S. 398), wiederholt in einer späteren vom 3. Juli 1917 (Bd. 90, S. 375), ausgesprochen, daß der Richter nicht zwecks Milderung der Härten des Krieges einen Ausgleich zwischen den Vertragsparteien schaffen könne. Allein die erste und vornehmste Aufgabe des Richters geht dahin, in seiner Rechtsprechung den unabweislichen Bedürfnissen des Lebens gerecht zu werden und sich in dieser Beziehung von den Erfahrungen des Lebens leiten zu lassen. Jener Ausspruch des Senats kann in seiner strengen Allgemeinheit nach der jetzigen Überzeugung des Senats nicht mehr aufrecht erhalten werden; er ist durch die Erfahrungen überholt, die der Senat im weiteren Verlaufe des Krieges und insbesondere durch dessen ungeahnten Ausgang und die daran sich anschließende, ebenfalls ungeahnte Umwälzung aller wirtschaftlichen Verhältnisse gemacht hat. Diese Verhältnisse erfordern unbedingt ein Eingreifen des Richters in bestehende Vertragsverhältnisse dann, wenn anders nicht ein Treu und Glauben und jedem Gebote von Gerechtigkeit und Billigkeit hohnsprechender, einfach nicht zu ertragender Zustand geschaffen werden soll. Der als wünschenswert oder nötig erachtete Anhalt im positiven Rechte ist in den oben erwähnten Bestimmungen des BGB gegeben. ...
Allein selbst wenn man insoweit dem Gedanken des Berufungsrichters noch folgen wollte, daß die Klä-

> gerin vielleicht die Wirkungen eines möglichen Krieges mit hätte in Berücksichtigung ziehen können, so kann doch davon gar keine Rede sein, daß die Klägerin bei dem Abschluß des Vertrags im Jahre 1912 bei dem damaligen Stande des Deutschen Reichs an einen derartigen Krieg mit dem Umfange, dem Ausgang und den Wirkungen auch nur im entferntesten hätte denken und solchen Krieg in ihre Berechnungen mit hätte hineinziehen können. Kein Mensch in Deutschland ahnte derartiges oder konnte es ahnen; es liegen hier außer jeder menschlichen Berechnung stehende Ereignisse vor. Der Berufungsrichter tut daher der Klägerin klares Unrecht, wenn er ihr wegen Nichtberücksichtigung der Folgen eines möglichen Krieges die Folgen des jetzigen Krieges im Verhältnis zur Beklagten allein aufbürdet." (142)

Das Gericht schildert die Entwicklung seiner Rechtsprechung zum Problem der Vertragsveränderung.
Bis in das Jahr 1918 hinein hielt es grundsätzlich an dem Inhalt eines geschlossenen Vertrages fest.[143)] Doch schon ab Mitte 1916 begann es, sich langsam von der Autorität des Gesetzes zu lösen. Es wandte in immer steigendem Maße die Rechtsfolgen der Unmöglichkeit zugunsten der durch den Vertrag wirtschaftlich benachteiligten Partei an und befreite diese so von ihrer Leistungspflicht. Zuerst stellte das Reichsgericht die durch den Krieg bedingte zeitweilige Unmöglichkeit der dauernden Unmöglichkeit, von der das BGB ausgeht, gleich.[144)] Der nächste Schritt fort vom Gesetz war die Theorie von der Veränderung des Leistungsinhalts.[145)] Dabei ging das Gericht von der These aus, daß dieselbe Leistung allein durch die kriegsbedingte Veränderung der Marktlage eine andere werde, obwohl der Leistungsgegenstand derselbe blieb.[146)] Schließlich gelangte das Reichsgericht über die Ruintheorie zur Auflösung des Vertrages. Es befreite eine Partei von ihrer Verpflichtung, wenn diese durch die Erfüllung des Vertrages in den Ruin getrieben werden würde.[147)] Mit der Ruintheorie war die Autorität des Gesetzes für den Richter endgültig im Schwinden.
Das hier vorliegende Urteil geht sogar noch einen Schritt weiter, indem es den Vertrag im Gegensatz zur bisherigen Rechtsprechung nicht nur auflöst, sondern den Vertrag mit geänder-

tem Inhalt fortbestehen läßt. Damit ist der Grundsatz der Privatautonomie, das Selbstbestimmungsrecht der Parteien über den Inhalt ihrer Verträge, endgültig beseitigt.

Es fragt sich, wie sich das Gericht selbst zu diesem Bruch mit dem Gesetz stellt. Es spricht von "Anknüpfung an das positive Gesetzesrecht" und dem "als wünschenswert oder nötig erachtete(n) Anhalt im positiven Rechte".

Das Gericht will sich nicht auf die Anwendung der gesetzlichen Bestimmungen beschränken, es geht nur noch von ihnen aus. Das Gesetz bedeutet ihm nur noch einen Orientierungspunkt neben anderen. Dabei bekennt sich das Gericht noch nicht einmal zu der Notwendigkeit selbst einer solchen lockeren Verbindung zum Gesetz. Es stellt lediglich im Passiv fest, daß mancher an einer Verknüpfung des richterlichen Urteils mit dem Gesetz interessiert ist. Das Gesetz ist für das Reichsgericht relativiert worden.

Es stellt sich die Frage, wie es zu dieser neuen Haltung gegenüber dem Gesetz innerhalb von fünf Jahren hat kommen können. Auffällig ist, wie oft und wie eindringlich das Reichsgericht in dieser Urteilsbegründung die Veränderungen in Wirtschaft und Politik seit Beginn des Ersten Weltkrieges beschreibt. Immer wieder ist von Umsturz und Umschwung und von Umwälzung die Rede. Nach Auffassung des Gerichts hat sich alles gewandelt. Diese Wandlung stand für das Gericht außerhalb des menschlichen Fassungsvermögens, es war "außerhalb jeder menschlichen Berechnung".

Wenn das Gericht den Wandel so emotional und so oft beschreibt, legt es großen Wert auf die Bedeutung dieses Umstandes. Die Umwälzung dient der Rechtfertigung dieses Urteils. Nach Meinung des Gerichts rechtfertigt nämlich der wirtschaftliche und politische Wandel auch einen Wandel des Richterleitbildes, die Abkehr von der Autorität des Gesetzes.

Daß das Gericht die clausula rebus sic stantibus anführt, legt die Vermutung nahe, es wolle die Autorität des Gesetzes durch die des Naturrechts ersetzen.[148)] Doch die Erwähnung der clausula erfolgt unvermittelt. Das Gericht beschäftigt sich im wei-

teren nicht mit naturrechtlichen Regeln.
Gemeinhin wird das Naturrecht als ein Recht definiert, das den Verhältnissen immanent ist. Es ist ein Recht, das im Wesen der Dinge ruht und daher allgemeingültig und unabänderlich ist.[149)]
Das Wesen des Vertrages erwähnt das Gericht aber mit keinem Wort, es beruft sich auch nicht auf ein Recht, das allgemeine Gültigkeit beanspruchen kann.
Das Reichsgericht argumentiert, bei Bindung der Parteien an den geschlossenen Vertrag entstünde ein "jedem Gebote von Gerechtigkeit und Billigkeit hohnsprechender, einfach nicht zu ertragender Zustand"; dies sei "klares Unrecht". Das Gericht sieht es also als seine Aufgabe an, Gerechtigkeit und Billigkeit, gleichbedeutend mit Recht, in diesem Urteil zu verwirklichen. Dieser Rechtsbegriff bleibt aber schlagwortartig, das Gericht definiert ihn nicht. Es sagt nicht, woher dieses Recht kommt und welchen Inhalts es sein soll. Sicher ist allein, daß es die Bindung der Parteien an den Inhalt des ursprünglich geschlossenen Vertrages aufhebt. Deutlicher wird das Gericht bei der Frage, wer dieses Recht finden soll. Es ist der Richter. Seine "Erfahrungen des Lebens", meint das Reichsgericht, ermöglichen es ihm, den unabweisbaren Bedürfnissen des Lebens gerecht zu werden. Da das Gericht das Recht nicht definiert, der Richter es aber finden soll, wird hier der Richter selbst zum Maßstab des Rechts. Was der Richter für Recht hält, ist Recht. Der Richter ist nach der Auffassung des Reichsgerichts weder an die Autorität des Gesetzes noch an eine andere Autorität gebunden, sondern allein an sein eigenes Urteil über den Inhalt des Rechts. Im Ergebnis stimmt das Reichsgericht in diesem Urteil mit der Freirechtsschule und der Lehre Stammlers vom § 242 BGB überein. Anstatt Diener des Gesetzes zu sein, ist der Richter ein König, der aufgrund seines Rechtsempfindens urteilt.
Es verwundert nicht, daß das Reichsgericht wegen seines undefinierten Rechtsbegriffs schon in der Lösung des Problems der Vertragsveränderung keine klare Linie fand. Es stützte sich

abwechselnd in der Begründung auf die Veränderung des Leistungsinhalts,[150] die Geschäftsgrundlage,[151] die Ruintheorie,[152] die clausula[153] und die Unzumutbarkeit der Leistung.[154] Dabei traten mitunter auch mehrere dieser Gesichtspunkte nebeneinander.[155]
Das Gericht orientierte sich in seiner Lösung also weder an der des Gesetzes noch an anderen weltlichen oder göttlichen Autoritäten, sondern ließ sich allein vom eigenen Rechtsgefühl leiten.
Die gerichtliche Anerkennung dieses neuen Richterleitbildes rief die unterschiedlichsten Reaktionen in der Literatur hervor.

4.3.3. Die Kritik Matthiessens

Matthiessen, Richter am Oberlandesgericht Kiel, übte in einem Aufsatz Kritik an der Lösung des Reichsgerichts:

> "Erkennt das Gesetz, das für den Richter doch auch gegenwärtig noch oberste Norm ist, diesen Vertragsaufhebungswunsch an? Die Frage stellen heißt sie verneinen. Der drohende Vermögensruin ist kein gesetzlicher Grund für eine Vertragsaufhebung. Sogar der eingetretene Vermögensverfall und der durchgeführte Konkurs heben die Verpflichtung des Schuldners nicht auf, wie aus § 164 KO erhellt. Wie viel weniger könnte es der nur drohende Ruin? Ob der Schuldner nach seinen Vermögensverhältnissen zahlen oder liefern kann, zeigt sich in der Zwangsvollstreckung, evtl. im Konkurse. Es ist aber einer der sichersten und anerkanntesten Grundsätze unseres Rechts, daß es auf den Bestand der Verpflichtung ohne Einfluß ist, ob die Vermögensverhältnisse des Schuldners ihm die Leistung gestatten. Zwar erkennt das Gesetz auch das nachträglich eintretende Unvermögen des Schuldners als einen Befreiungsgrund an, wenn es auf einem Umstande beruht, den der Schuldner nicht zu vertreten hat (§ 275 Abs. 2 BGB). Aber auf ein nachträglich eingetretenes Unvermögen, sich die für die Bewirkung der Leistung erforderlichen Geldmittel zu beschaffen, darf sich der Schuldner - von den gesetzlichen Ausnahmefällen abgesehen - nicht berufen. Dies hat das RG mit Recht auch für Nicht-

Gattungschulden dem Grundgedanken des § 279 BGB entnommen und dem entspricht die in der Rechtslehre durchaus herrschende Auffassung." (156)

Das Gesetz ist der Leitbegriff dieser Kritik. Matthiessens Argumentation führt von einer gesetzlichen Vorschrift zur anderen. Die Bindung des Richters an das Gesetz ist dabei für ihn eine Selbstverständlichkeit. Aber er bemerkt, daß diese Auffassung nicht mehr von allen geteilt wird. Die Bindung an das Gesetz gilt, wie er formuliert, "auch gegenwärtig noch". Frage und Antwort zu Beginn des Zitats stellen somit etwas als gegeben hin, was auch nach Auffassung des Autors so nicht mehr gilt. Angesichts der Krise durch den verlorenen Krieg bedarf der Positivismus einer Begründung. Vielleicht hätte es nahegelegen, auf die Bestimmungen der Weimarer Reichsverfassung zu verweisen. Aber Matthiessen begründet den Gesetzesgehorsam des Richters auf andere, indirekte Weise. Das Gesetz definiert er als positives Recht. Es enthält für ihn gutes Recht. Er benutzt die Terminologie Windscheids. Das Gesetz gilt, weil es positives Recht ist. Hinter dieser Vorstellung steht der Gedanke, daß die gesetzliche Regelung so schlecht auch nicht ist. Matthiessen beschreibt keine apokalyptischen Zustände, wie sie sich in dem Urteil des Reichsgerichts finden. Für ihn entspricht das Gesetz nach wie vor der Vernunft und damit auch der Gerechtigkeit. Einen Gegensatz zwischen Gesetz und Recht sieht er nicht. Matthiessen vertritt noch das traditionelle, dem BGB zugrunde liegende positivistische Richterleitbild, wie Windscheid es geprägt hatte.

4.3.4 Die Kritik Schneiders

Schneider kritisiert ebenso wie Matthiessen die Rechtsprechung des Reichsgerichts zur Vertragsveränderung:

> "Diese eine Veränderung (die Inflation) aber, die unser Wirtschaftsleben in seinem Gelde erlitten hat, hat im Gesetz schon durch Art. 3 des Gesetzes betr. Änderung des Bankgesetzes vom 1. Juni

1909 ihre Regelung gefunden. Mit der Papiermark wird hiernach mit der gleichen Wirkung gezahlt, wie wenn sie Goldmark wäre. Vom Standpunkt des Gesetzesgehorsams aus stellen sich also zu Unrecht alle die Erscheinungen eines sich auflösenden Rechtslebens ein: daß der Richter nicht mehr richtet, sondern selber Rechtsverhältnisse gestaltet, bei Auslegung der Verträge das Gefühl je nach ihrer Wirkung bald so, bald anders entscheidet und der Boden, auf dem das feste Vertragswort steht, durch die clausula rebus sic stantibus unterwühlt wird. Nach dem klaren Gesetzeswort wird der Schaden der Geldwertminderung nicht je nach dem dem Richter vorgelegten zufällig enger oder weiter gegriffenen Tatbestand bald auf die eine, bald auf die andere Schulter geschoben; nach dem klaren Gesetzeswort trägt ihn immer und ausschließlich allein der Zahlungsempfänger. ...
Die Rechtsprechung hat diesen Gesetzesboden verlassen; vermittelns und verteilend schiebt sie die Last der Geldentwertung zwischen den Schultern der Parteien hin und her; im freien gesetzlosen Raum greift der Richter nach dem höheren Ruhm, aus dem bloßen Richter zum Gestalter der Rechtsverhältnisse zu werden. In Wahrheit hat er mit dem Abfall vom Gesetzesgehorsam seine Freiheit verloren; ... er ist zum Handlanger der Finanzverwaltung geworden." (157)

Schneider begründet seine Auffassung allein mit dem Gesetz. Das "klare Gesetzeswort" ist der Leitbegriff seiner Darlegung. Der Gesetzesgehorsam duldet nach seiner Auffassung keine Ausnahme. Die gesetzlich vorgegebene Lösung eines Rechtsproblems gilt für ihn "immer und ausschließlich" und "ohne Frage". Trotzdem unterscheidet sich der absolute Gehorsam vor dem Gesetz, den Schneider fordert, von dem Matthiessens. Bei Matthiessen ist das Gesetz noch das Recht. Matthiessen bekennt sich zum Gesetz, weil es in der Regel eine vernünftige Lösung bietet. Von dieser optimistischen Einstellung ist Schneider weit entfernt. Er akzeptiert die gesetzlich angeordnete Inflation keineswegs. Für Schneider gibt es aber trotzdem keine Alternative zum Gesetzesgehorsam des Richters. Er bezeichnet Lösungen, die vom Gesetz abweichen, als zufällig. Sie entsprechen für ihn allein dem Gefühl. Sie gewähren keine Rechtssicherheit. Daher ist für ihn eine Rechtsordnung, die nicht auf dem Gehorsam gegenüber dem Gesetz beruht, nicht denkbar. Schneider ist Gesetzespositivist. Aber es ist ein illusionsloser, ungeliebter Positivismus, den er vertritt. Das Gesetz ist für ihn eine gültige, aber unvernünftige Regelung. Aus dieser Einstellung zum Gesetz erklärt sich, was Schneider zur Aufgabe des Richters ausführt. Der "bloße Richter", jener, der sich an die Gesetze hält, identifiziert sich nicht mit seinem Urteil. Für die ungerechten Rechtsfolgen trifft ihn keinerlei Verantwortung. Diese Verantwortung verbleibt allein bei dem Gesetzgeber. Anders ist es nach seiner Meinung bei dem neuen Richterleitbild, das die Rechtsprechung geschaffen hat. Der "nach höherem Ruhm" greifende Richter trägt nur die Verantwortung für die gegenwärtige Situation. Seine Urteile verhindern nach Schneiders Meinung, daß die Absurdität der gesetzlich angeordneten Inflation dem Volk klar wird. Der Richter versieht, so glaubt Schneider, die Papiergeldpolitik mit dem Siegel der Gerechtigkeit. Zwar modifiziert der Richter diese Politik, aber er vermag nichts Wesentliches an ihr zu ändern. Daher spricht Schneider davon, daß der Richter seine Freiheit verliert und zum "Handlanger der Finanzverwaltung" wird. Nach Schneiders Meinung soll der Richter es aber nach Möglichkeit vermeiden, die Mitverantwortung für die Ungerechtigkeiten der Inflation zu tragen.

Schneider tritt für die absolute Bindung des Richters an die Autorität des Gesetzes ein. Seine Haltung ist aber zugleich von Verachtung gegenüber dieser Autorität getragen. Schneider läßt die Bindung des Richters an das Gesetz bestehen, damit der Richter für seine Urteile keine Verantwortung tragen muß. Ein weiterer Grund für die Gesetzesbindung des Richters ist bei Schneider wie schon bei Bergbohm und Radbruch die Furcht vor dem Chaos, wenn ein Richter nur noch nach seinen Gefühlen seine Urteile fällt.

4.3.5. Die Stellungnahme Endemanns

In einer Anmerkung zu dem oben behandelten Urteil RGZ 100, 129 ff. bemühte sich Endemann um eine Zusammenfassung der Rechtsprechung zum Problem der Vertragsveränderung. Zugleich versuchte er, aus dieser Rechtsprechung allgemeine Prinzipien herzuleiten:

> "Soll die Rechtsprechung den deutschen Kaufmann bei dem Neuaufbau der Handelsbeziehungen stützen und seinem dringenden Bedürfnisse nach Klarheit und Sicherheit in den Rechtszuständen verständnisvoll Rechnung tragen, so muß am Anfang stehen die Rechtsregel: fides contractus servanda est. Verträge sind heilig und unverbrüchlich. ...
> Suchen wir jetzt nach den greifbaren, die Rechtsprechung wirklich leitenden und stützenden Grundsätzen, so steht als erstes voran das Prinzip der inhaltlichen Identität der Leistungspflicht. Zu leisten ist der Gegenstand, der nach dem Vertragswortlaute versprochen ist; daran muß in erster Linie festgehalten werden. Wenn jedoch dieser Gegenstand im Zeitpunkte der Fälligkeit einen ganz anderen Inhalt aufweist, eine wesensverschiedene wirtschaftliche und sachliche Bedeutung erhalten hat: dann kann sich ergeben, daß die Leistung in ihrer jetzigen Gestalt nicht mehr als die ursprünglich versprochene bezeichnet werden darf. Der Gläubiger, der jetzt auf Erfüllung nach der Vertragssatzung besteht, begegnet dem Vorwurfe, daß er ein aliud pro alio begehrt. ...
> Das zweite Prinzip ist das der Proportionalität der gegenseitigen Leistungsinhalte. ...
> Und da zeigt sich, daß jeder gegenseitige Vertrag das Ergebnis bildet einer inhaltlichen Wertabmessung, die im Sinne der Parteien und durch die positive Festsetzung der Austauschobjekte einen Ausgleich zwischen den beiderseitigen Interessen erstrebt und diesen durch die Herstellung des proportionalen Verhältnisses der wechselseitigen Leistungsinhalte erreicht. Das ist der Sinn und Inhalt des redlichen Verkehrsgeschäftes.
> Mit einigen Schwanken wird dabei gerechnet; in jetzigen Zeiten auch mit erheblichem. Wenn aber katastrophale Ereignisse die prästabilierte Äquivalenz der beiderseitigen Leistungen aufheben, dann wird der Vertrag in seinem inneren Wesen getroffen: die beiderseitigen Leistungen stehen sich nicht mehr gegenüber als die wahrhaft ent-

> geltlichen, als welche sie vereinbart waren. ... Das aber ist nicht gewollt und nicht vereinbart. Und insofern kann ungemessene Preissteigerung den irrationell gewordenen Vertrag auslöschen." (158)

Dieser Text wird von klaren Begriffen getragen. Der Inhalt der Sätze ist deutlich, an den entscheidenden Stellen sind die Sätze knapp. Dies weist darauf hin, daß der Verfasser weiß, worauf es ihm ankommt.
Endemann geht von einer allgemein akzeptierten Regel aus: Verträge müssen gehalten werden. Diese Regel interpretiert er aber anders als das BGB. Er geht von den Prinzipien der inhaltlichen Identität der Leistungen und der Proportionalität der Leistungsinhalte aus. Das Prinzip der inhaltlichen Identität der Leistung sieht Endemann in der Rechtsprechung des Reichsgerichts zur Veränderung des Leistungsinhalts durch die Kriegsereignisse verwirklicht, wie sich aus dem zweiten Absatz ergibt. Dabei erkennt Endemann, wie sehr die Rechtsprechung inzwischen die Doktrin des BGB verlassen hat. Er definiert nämlich die inhaltliche Identität der Leistung als Gleichheit der wirtschaftlichen und sachlichen Bedeutung. Damit hat er, ganz im Sinne des Reichsgerichts, den Grundsatz der Privatautonomie des BGB umgestoßen, wonach die Parteien den Vertragsinhalt und damit auch die Leistungspflicht allein bestimmen.[159)] Die wirtschaftliche und sachliche Bedeutung einer Leistung ist ein objektives Kriterium, das nicht von dem Willen der Parteien abhängig ist. Die Herrschaft der Parteien über den Vertrag ist damit gebrochen. Mit dem Prinzip der Proportionalität der Leistungsinhalte geht Endemann über die Ergebnisse der Rechtsprechung hinaus. Er definiert den Vertrag als Form einer inhaltlichen Wertabmessung, als Ausgleich zwischen den Interessen durch die "Herstellung des proportionalen Verhältnisses der wechselseitigen Leistungsinhalte". Die "prästabilierte Äquivalenz" der Leistungen muß seiner Auffassung nach gegeben sein, damit der Vertrag nicht aufzulösen ist. Endemann bestimmt hier das Wesen des Vertrages nach dem Recht. Für ihn

gibt es eine ratio, einen bestimmten Sinn des Vertrages. Dieser Schluß aus dem Wesen einer Sache auf ihren Sinn kennzeichnet das Naturrecht.[160)] Bei Endemann ist der Vertrag etwas Vorgegebenes mit einer ihm eigenen Gesetzlichkeit. Somit beruft sich Endemann zur Lösung des Problems der Vertragsveränderung auf das Naturrecht. Dieser Rechtsbegriff schafft eine neue Autorität für den Richter. Das Naturrecht verdrängt das Gesetz, soweit dieses seinen allgemeingültigen Regeln widerspricht.

Obwohl sich Endemann zum Naturrecht bekennt, erwähnt er nicht, daß dieses seiner Meinung nach den Normen des BGB mit ihrem Grundsatz der Privatautonomie widerspricht. Er vollzieht die Abkehr vom Gesetz heimlich. Dies zeigt sich an der Art, mit der er seine Vorstellung des Naturrechts zu einem Bestandteil des geltenden Rechts macht. Endemann argumentiert mit dem Parteiwillen. Dabei unterstellt er den Parteien, daß sie das Vernünftige - die prästabilierte Äquivalenz - zum Vertragsbestandteil gemacht haben. Endemann fingiert einen vernünftigen Parteiwillen, den er an die Stelle des wirklichen setzt. Mit dieser Art der Begründung kommt er dazu, daß die Privatautonomie des BGB die Äquivalenz von Leistung und Gegenleistung enthält. Der Widerspruch zwischen Gesetz und Naturrecht wird auf diese Weise aufgehoben.

Endemann stutzt sich auf ein Richterleitbild, das von der Bindung des Richters an die Autorität des Naturrechts ausgeht. Dieses neue Leitbild beschreibt er aber nicht deutlich, weil er seine Vorstellung von Naturrecht als Gesetzesrecht ansieht. Somit kann er auch die Frage nicht beantworten, wie ein Richter den Inhalt des Naturrechts genau erkennen und sich nach ihm richten soll.

4.3.6. Die Stellungnahme Oertmanns

Paul Oertmann war einer der bedeutendsten Zivilrechtler seiner Zeit. Von ihm stammt ein Kommentar zum BGB. Sein Interesse galt neu entstehenden Rechtsproblemen. Deshalb beschäftigte er sich auch in einer großen Monographie, die im Jahre 1921 erschien, mit dem Problem der Vertragsveränderung. Er versuchte, es zu bewältigen, indem er einen neuen Rechtsbegriff schuf: die Geschäftsgrundlage. Er definierte sie als

> "die beim Geschäftsschluß zutage tretende und vom etwaigen Gegner in ihrer Bedeutsamkeit erkannte und nicht beanstandete Vorstellung eines Beteiligten oder die gemeinsame Vorstellung der mehreren Beteiligten vom Sein oder vom Eintritt gewisser Umstände, auf deren Grundlage der Geschäftswille sich aufbaut." (161)

Die Geschäftsgrundlage war also nicht selbst Vertragsinhalt, sie lag dem Vertrag nur zugrunde. Damit war sie für den Bestand des Vertrages nach den Vorstellungen des BGB ohne jede Bedeutung. Oertmann selbst nannte die Geschäftsgrundlage daher auch eine Unterstellung.[162)] Sie war eine Unterstellung desjenigen, der den Vertrag beurteilen sollte und damit ein objektives Element des Vertrages. Das bedeutete, daß die Gültigkeit eines Vertrages an Voraussetzungen geknüpft wurde, an die bei Vertragsschluß keine der Parteien gedacht zu haben brauchte. Damit definierte Oertmann den Vertragsbegriff des BGB neu. Ein Vertrag hatte für ihn nur Bestand, wenn er durch kongruente Willenserklärungen geschlossen war und wenn die Geschäftsgrundlage sich nicht geändert hatte. Oertmanns Lehre veränderte die objektive Rechtsordnung. Sie ließ sich mit dem Gesetz nicht vereinbaren.
Im folgenden Absatz gibt Oertmann Aufschluß darüber, welche Autorität es dem Richter erlaubte, die Rechtsordnung zu ändern:

> "Wichtiger noch ist, wie schon öfters bemerkt worden, die Berufung auf BGB § 242. Denn ist der Schuldner zur Leistung nur in den Grenzen von Treu und Glauben ... verpflichtet, so muß er sich der Leistungspflicht entziehen können, wo ein Festhalten daran den beiderseits beim Geschäftsschluß als maßgebend unterstellten Grundsätzen zuwider sein und damit das Geschäft auf eine wirtschaftliche Grundlage stellen würde, die von der dem Parteiwillen entsprechenden mehr oder minder entschieden abweichen müßte. Es kann im Sinne von Treu und Glauben unmöglich gebilligt werden, wenn

> eine Partei das Geschäft in einem wirtschaftlichen Sinne, zu wirtschaftlichen Ergebnissen verwenden wollte, die der ursprünglichen Zweckidee zuwider wären und erst dadurch möglich werden, daß die Parteien ihren Geschäftswillen und -inhalt auf einer von Anfang an verfehlten Grundlage aufgebaut haben, oder daß die anfangs vorhandene Grundlage nachträglich weggefallen ist. Wollte man das alles unbeachtbar lassen, so würde eine mehr oder minder vollständige Verschiebung der Zwecke eintreten, denen das Geschäft dienen sollte; die übernommene Pflicht würde dem Schuldner zum Ruin werden, dem Gläubiger ungezählte und ungeahnte Millionengewinne in den Schoß werfen können. Daran mag ein theoretischer und praktischer Verehrer des Satzes "fiat iustitia, pereat mundus" seine Genugtuung empfinden; unter der Herrschaft des Leitgedankens von "Treu und Glauben" aber kann man sich unmöglich damit abfinden." (163)

Auffällig ist die vehemente Absage Oertmanns an die Autorität des Gesetzes. Den Wahlspruch des Kaisers Ferdinand I. von Habsburg (1503 - 1564) "fiat iustitia, pereat mundus"[164)] münzt er in eine scharfe Absage an den Gesetzespositivismus um. Wer das Gesetz - nicht die Gerechtigkeit, wie der Wahlspruch lautet - auf jeden Fall durchsetzen will, ist nach Oertmanns Auffassung ein Beförderer des Weltuntergangs.
Der Begriff der Zweckidee legt die Vermutung nahe, daß sich Oertmann wie Endemann auf das Naturrecht berufen will. Doch steht dieser Begriff allein. Die sonstige Wortwahl dieses Abschnittes spricht gegen eine solche Annahme. Es tauchen keine weiteren Begriffe aus der Welt des Naturrechts auf. Zudem ist das Naturrecht, wie die Ausführungen Endemanns gezeigt haben, eine feststehende Ordnung. Sie läßt sich eindeutig und klar beschreiben. Davon kann hier jedoch keine Rede sein.
Zweimal tauchen in dem Text die Adverbien "mehr oder minder" auf. Sie sind Kennzeichen einer Unsicherheit des Verfassers, der eindeutige Aussagen umgehen will. Hinzu tritt der häufige Gebrauch des Konjunktivs; dies ist ebenfalls ein Zeichen der Unsicherheit Oertmanns. Er benutzt häufig Hilfsverben, Passiv und schwache Subjekte, wie etwa "man" und "es". Auch dies unterstreicht die Unbestimmtheit der Aussagen des Verfassers.

Hinter all den Worten steht nur das Gefühl, daß ein Festhalten an den Verträgen unmöglich gebilligt werden kann. Die gesetzliche Regelung des Problems läßt sich für Oertmann nur mit dem Wort "unmöglich" beschreiben. Die blumenreiche Sprache, in der Oertmann Ruin und Millionengewinne einander gegenüberstellt, zeigt, wie die Empörung in ihm angesichts dieses Zustandes aufwallt. Die Empfindung, das Gefühl dessen, was billig und gerecht ist, wird für Oertmann die neue Autorität für den Richter. Ein dumpfes Gefühl für Recht und Unrecht ersetzt die alte Autorität des Gesetzes. Für Oertmann steht außer Frage, was Recht und was Unrecht ist. Die Eindeutigkeit dieses Gefühls kontrastiert mit der unsicheren Ausdrucksweise des Verfassers. So eindeutig das Gefühl und die Absage an den Gesetzespositivismus auch sind, den Juristen Oertmann quälen Zweifel, ob dieses Gefühl auch das Recht ist, das der Richter anwenden kann. Die Berufung auf Treu und Glauben soll diesen Zweifel beseitigen. § 242 BGB stellt für Oertmann den Einklang zwischen Rechtsgefühl und gesetzlicher Regelung her. Für ihn gibt es eine "Herrschaft des Leitgedankens von Treu und Glauben" über das Recht. Das Recht wird also von diesen Begriffen in seinem Inhalt bestimmt. Damit verschwinden alle anderen gesetzlichen Bestimmungen, soweit Treu und Glauben ihnen entgegenstehen.
Die Worte "Treu und Glauben" sind Leerformeln, in die Oertmann das Rechtsgefühl des Richters hineinlegt. Damit wird § 242 BGB für ihn die Ermächtigungsnorm für den Richter zur Abänderung von Gesetzen. Oertmann folgt mit dieser Auffassung der Lehre Stammlers vom Inhalt des § 242 BGB. Der Richter übernimmt es, die gesetzgeberischen Bemühungen an der Elle der Gerechtigkeit zu messen. Oertmann verzichtet lediglich auf die formale Methode Stammlers. Der praktische Jurist Oertmann leitet das soziale Ideal nicht mühselig aus irgendwelchen schwer verständlichen formalen Grundsätzen ab. Für ihn ergibt es sich unmittelbar aus dem Rechtsgefühl.
Die Autorität des Richters ist somit nach dieser Meinung allein dessen eigenes, von keiner Instanz kontrolliertes Gefühl.

Diese neue Autorität wird von Oertmann aber verborgen, indem er sie in § 242 BGB hineininterpretiert und somit als positives Recht ansieht.

4.3.7. Rosenthals These

In einer Anmerkung zu dem dargestellten Reichsgerichtsurteil (100, 129 ff.) analysiert der Hamburger Rechtsanwalt Alfred Rosenthal die gesamte Rechtsprechung des Reichsgerichts zur Frage der Vertragsveränderung. Für ihn ist die "Unzumutbarkeit" das Schlagwort dieser Rechtsprechung. Diesen angeblichen Begriff umreißt Rosenthal in dem folgenden Text:

> "Nur die nach Treu und Glauben unzumutbare Leistung steht zur Erörterung. Die Begriffe 'Unzumutbarkeit' und 'Unwirtschaftlichkeit' sind streng zu trennen. Eine Leistung kann für den Schuldner verlustreich, aber gleichwohl zumutbar sein, so daß der Erfüllungszwang des Gläubigers keineswegs gegen Treu und Glauben verstößt. Und zwar ist maßgebend das Gesamtbild des Einzelfalls in allen seinen Beziehungen. In JW 1920, 696 habe ich betont, daß 'die gesamte wirtschaftliche Lage des Schuldners der Betrachtung zugrunde zu legen ist, so daß der in Frage stehende Geschäftsabschluß nicht in der Isolierung geprüft werden darf'. Stets ist es Sache eingehender, durch Präjudikate unbeirrter richterlicher Erwägung, ob der Gläubiger vom redlichen Partner, der durch die wirtschaftliche Umwälzung in Not geraten ist, nach Treu und Glauben die ursprünglich vorgesehene Vertragserfüllung verlangen darf. Diese Frage der Zumutbarkeit 'muß ihrer Natur nach dem völlig freien Ermessen des Richters überlassen bleiben' (RG 85, 120 zum analogen Fall der exceptio doli generalis). Zu weit würde es gehen, wollte man fordern, daß die Einwirkung auf die Verhältnisse des Schuldners 'geradezu ruinös' sei. Dann müßten die zur Lieferung Verpflichteten vielfach wünschen, daß ihre Lage noch trostloser wäre. Entscheidend ist die Anschauung der beteiligten Volkskreise über das, was unter den jeweils obwaltenden Umständen die Verkehrstreue dem Gläubiger gebietet." (165)

Das BGB definiert den Begriff der Unzumutbarkeit nicht, weil es ihn nicht kennt und ohne ihn auskommen kann. Um dieses Wort

für die Praxis anwendbar zu machen, bedarf es aber zumindest einer Umschreibung des Inhalts der Unzumutbarkeit. Es stellt sich die Frage, auf welche Autorität der Richter dabei zurückgreifen soll.
Rosenthal definiert zunächst einmal, indem er die Unzumutbarkeit von anderen Begriffen abgrenzt. Sie ist nicht Unwirtschaftlichkeit, sie läßt sich nicht durch isolierte Betrachtung des einzelnen Rechtsfalles finden, und sie setzt auch nicht die Gefahr des Ruins für den Geschäftspartner voraus. Solche negativen Abgrenzungen finden sich stets dort, wo sich der abzugrenzende Begriff selbst der Definition entzieht. Rosenthal kann nicht sagen, wie die Unzumutbarkeit beschaffen ist. Er weiß nur, wer bestimmt, ob eine Leistung unzumutbar ist. Dies ist Sache eingehender richterlicher Erwägungen, wobei diese Erwägung durch Präjudikate unbeeinflußt bleiben soll. Somit steht fest, daß die Unzumutbarkeit sich nicht am Gesetz orientiert. Aber es ist auch nicht allein Sache des Richters und seines Gefühls, im Einzelfall die Unzumutbarkeit festzustellen. Nach Rosenthals Auffassung richtet sich die Unzumutbarkeit nach Treu und Glauben. Über Treu und Glauben geben für ihn die Meinungen der beteiligten Volkskreise Auskunft. Der Richter soll sich also nach Rosenthals Auffassung an die Meinung der beteiligten Volksschichten halten. Dabei bleibt zunächst unklar, was Rosenthal unter den "beteiligten Volksschichten" versteht. Aus seiner eigenen Fußnote zu dem zitierten Text geht hervor, daß die beteiligten Volkskreise nicht nur die am Vertrag beteiligten Kreise sein sollen, sondern die "herrschende Volksanschauung den Maßstab bilden soll". Die Volksmeinung ist somit die Autorität des Richters. Die Schwierigkeit, diese Volksmeinung im Einzelfall zu ermitteln, erscheint Rosenthal nicht unüberwindlich. Er verweist dabei auf die Rechtsprechung zur Sittenwidrigkeit. Dabei verkennt er allerdings einen grundlegenden Unterschied. Sittenwidrig ist, was gegen einen Minimalkonsens verstößt. § 138 Abs. 1 BGB schützt ebenso wie § 242 BGB ein ethisches Minimum.[166)]

Die Volksanschauung soll bei Rosenthal dagegen dem Richter eine grundlegende Handlungsanweisung für ein äußerst umstrittenes Gebiet des Privatrechts geben. Das Volk war sich aber durchaus nicht einig, was Recht und was Unrecht war. Der Gesetzespositivismus von Ihering, Windscheid, Bergbohm und Radbruch war von der Furcht geprägt worden, ohne die feste Regel des Gesetzes sei das Chaos zu befürchten, weil im Volke die Meinungen in Einzelfragen stark auseinandergingen.
Dieses Problem existiert für Rosenthal nicht. Er hält es für sicher, daß das Volk, wenn auch in einem längeren Prozeß, zu einer einheitlichen Auffassung kommen wird. Der Vergleich mit der Sittenwidrigkeit erfüllt nicht nur die Funktion, eine Methode darzustellen, mit deren Hilfe sich die Volksmeinung ermitteln läßt. Darüber hinaus dient dieser Hinweis dazu, Rosenthals Auffassung als mit dem Gesetz übereinstimmend darzustellen. Dadurch vermeidet auch er den offenen Bruch mit der Lehre von der gesetzlichen Bindung des Richters. Es scheint so, als ob Rosenthal nur die Lücke der Gesetzesbindung nutzt, die das BGB bewußt läßt.
Rosenthals direkte Anbindung des Richters an die Volksanschauung wirft ein weiteres Problem auf: Wie soll der Richter die herrschende Volksanschauung feststellen? Das Ohr des Richters am Mund des Volkes ist zwar ein schönes Bild, aber es ist naiv und nicht praktikabel. Rosenthal hat das Bild einer Welt vor Augen, in der sich alle Interessengegensätze in einem allgemeinen Einverständnis überbrücken lassen. Gegensätzliche Anschauungen, die sich nicht in Übereinstimmung bringen lassen, gibt es bei Rosenthal ebenso wenig wie bei Fuchs. Die Erkenntnis der Positivisten von Puchta bis Radbruch, daß sich bestimmte Gegensätze nicht mit Vernunft überwinden lassen, läßt Rosenthal nicht gelten. Die Theorie seiner Lehre unterscheidet sich daher erheblich von ihrer praktischen Auswirkung. Die Berufung auf die herrschende Volksanschauung wird zur Legitimation des Urteils, das lediglich der Richter selbst für gerecht hält. Man könnte an die Stelle der Volksmeinung ebensogut die Autorität des richterlichen Rechtsgefühls setzen, ohne daß sich

an den Urteilen etwas ändern würde. Rosenthal bindet den Richter in der Praxis allein an ihn selbst. Er versucht dabei, indem er auf § 138 BGB verweist, dieses Richterleitbild als vom Gesetz gewollt darzustellen.

4.3.8. Ernst Fuchs

Ernst Fuchs hatte, wie dargestellt, schon vor dem Weltkrieg den Konsens der anständigen und vernünftigen Bürger zur Autorität für den Richter erklärt.[167)] Es verwundert daher nicht, daß er sich in der Diskussion um die Vertragsveränderung zu Wort meldete:

> "Die aus der unerbittlichen Not einer Wirtschaftsrevolution geborene Ausnahme hebt die Regel der Unwandelbarkeit der Verträge - pacta sunt servanda - einst auf, sondern dient, wie jede Ausnahme, zur Bekräftigung der Regel. ...
> Der Standpunkt des Reichsgerichts ist frei von jeder Willkür; er wächst - auf der gesetzlichen Grundlage des § 242 BGB - hervor aus einer mit elementarer Kraft sich Geltung schaffenden Notwendigkeit.
> ...
> Hölzerne formal-abstrakte Dogmen im Gebiet des Verkehrsrechts können aber niemals dem Anprall der Lebensfluten standhalten. Es gibt eine Kraft, die alle abstrakten Normen zur Eigenbewegung treibt, und diese rechtliche Naturkraft ist das fortschreitende Wirtschaftsbedürfnis, dem Windscheid die Eigenschaft einer Rechtsquelle abgesprochen hat, ist in Wahrheit die Zentral-Rechtsquelle, die rechtliche Zentral-Sonne, zu der sich alle Rechtsnormen ewig hinbewegen, die sie aber nie ganz erreichen, weil die Zentralsonne selbst sich in ewiger Fortbewegung befindet. Wirtschaft und Recht stehen niemals still.
>
> Es ist hoch an der Zeit, daß die 'fertigen' Legisten aufhören, vor den Wirklichkeiten einer veränderten Welt die Augen zu verschließen, und daß sie endlich den unmöglichen Versuch aufgeben, den unaufhaltsamen Strom einer freieren Rechtsgestaltung und Rechtsprechung aufzuhalten. ...
>
> Durch jene neueste Wendung der reichsgerichtlichen Rechtsauffassung hat die Schule der absolutistischen Allgesetzlichkeit einen weiteren mächtigen Stoß erlitten. Jenes Gestaltungsurteil ruft ihrer Wahnvorstellung von einem System starrer Normen lauter als

je das Trutzwort zu: Und sie bewegen sich doch!" (168)

Fuchs stellt in diesen Zeilen zwei Welten einander gegenüber: die Welt des Lebens und die Welt des Gesetzes.
In der Welt des Gesetzes schließen "fertige Legisten" die Augen. Sie arbeiten mit hölzernen Dogmen und suchen ihr Heil in einem System starrer Normen. Die Welt des Gesetzes ist für Fuchs bewegungslos. Sie reagiert nicht auf Veränderungen der Außenwelt. Sie ist sich selbst genug in ihrer Abstraktheit und Weltverlorenheit. Das Gesetz wird den Umständen der neuen Zeit, so meint Fuchs, nicht gerecht. Seine Kritik mündet in dem Vorwurf der "absolutistischen Allgesetzlichkeit". Das Gesetz hat somit alle Nachteile, die dem System des Absolutismus eigen sind. Entscheidungen werden von oben herab getroffen, die Nöte der Menschen finden dabei keine Berücksichtigung. Die Macht des Herrschers ist grenzenlos. Die Herrschaft des Gesetzes ist also in den Augen von Fuchs dasselbe wie die Herrschaft des absolutistischen Herrschers: allgewaltig, bevormundend und drükkend. Vergessen ist die Funktion, die das Gesetz als Ausdruck des Volkswillens in der liberalen Vorstellung hatte. Es ist selbstverständlich, daß Fuchs den Richter an eine derartig schlechte Autorität nicht binden will.
Die andere Welt, die Fuchs beschreibt, ist das Leben, die Wirklichkeit. Immer wieder finden sich Begriffe aus dieser Welt: "Lebensfluten", "Tatsachen". Sie zeigen, welche Bedeutung Fuchs dieser zweiten Welt zumißt. Das Leben ist nicht nur einfach da, es bewirkt auch etwas. Die Tatsachen haben Macht. Das Leben fordert sein Recht. Das "Wirtschaftsbedürfnis" ist der Ausdruck dieses Rechts. Fuchs definiert dieses Wirtschaftsbedürfnis als "Zentralsonne". Dies zeigt, wie wichtig er dieses Bedürfnis nimmt. Die Sonne steht ohnehin im Mittelpunkt des Systems. Trotzdem bedarf es für Fuchs noch der Verstärkung zur "Zentralsonne". Das Wirtschaftsbedürfnis schlägt die Brücke vom Sein zum Sollen. Was das Leben fordert, drückt das Wirtschaftsbedürfnis aus, und dieses ist auch zugleich das oberste Gesetz.

Damit verdrängt die Welt des Lebens die Welt des Gesetzes. Die Gegenposition, die Fuchs zu Windscheid einnimmt, verdeutlicht noch einmal die Stellung, die Fuchs zum Gesetz einnimmt. Windscheid hatte dem Gesetz stets absoluten Vorrang vor jeder anderen Autorität eingeräumt. Für Fuchs ist das Gesetz nur noch eine Wahnvorstellung.
Obwohl Fuchs das Gesetz so verdammt, vermag er doch eine Norm des BGB anzuerkennen: § 242 BGB. Auch für ihn ist diese Norm die gesetzliche Grundlage seiner Auffassung. Darin liegt kein Widerspruch zu jeglicher Verneinung der Bindung an ein Gesetz. Mit § 242 BGB wachsen nach Fuchs' Meinung die Notwendigkeiten des Lebens in das Recht hinein. § 242 BGB überwindet das Gesetzesrecht, indem es dem Wirtschaftsbedürfnis den ihm gebührenden Platz in der Rechtsordnung zuweist. Die neue Autorität für den Richter ist bei Fuchs somit das Wirtschaftsbedürfnis. Es fragt sich, ob sich damit ein Wandel in der Lehre von Fuchs ergeben hat. Das Wirtschaftsbedürfnis tritt bei ihm an die Stelle der Vorstellungswelt anständiger Rechtsgenossen. Geändert hat sich damit aber nichts. Beide Autoritäten gehen von demselben harmonischen Weltbild aus, nach dem sich die guten Menschen immer einig werden. Das Wirtschaftsbedürfnis ist lediglich Ausdruck der Vorstellungswelt der anständigen Rechtsgenossen. Es ist eine Autorität, die sich nicht feststellen läßt und somit den Richter bei seinen Entscheidungen auf sein eigenes Rechtsgefühl verweist.

4.4. Zusammenfassung

In der Frage der Vertragsveränderung halten einige Juristen an der Bindung des Richters an das Gesetz fest. Innerhalb der Gruppe der Anhänger dieser Meinung lassen sich zwei verschiedene Richtungen feststellen. Eine Meinung betrachtet die Autorität des Gesetzes immer noch als eine vernünftige und gute Autorität. Diese Meinung steht in der Tradition des Gesetzespositivismus, wie Windscheid sie geprägt hatte. Die andere

Auffassung bindet den Richter an das Gesetz, damit er die Verantwortung für sein Urteil nicht zu tragen braucht. Auf diese Weise soll vermieden werden, daß der Richter für den Zustand der Rechtsordnung verantwortlich gemacht werden kann. Diese Auffassung hält nur deshalb an der Gesetzesbindung fest, weil sie keine bessere Alternative sieht.
Diejenigen Autoren, die von der gesetzlichen Lösung des Problems der Vertragsveränderung abweichen, berufen sich auf verschiedene Autoritäten. Es wird die Bindung des Richters an das Naturrecht, an das allgemeine Rechtsgefühl oder an die herrschende Volksanschauung vertreten. Lediglich das Naturrecht gibt dabei dem Richter einen festen Orientierungspunkt. Alle anderen Autoritäten bleiben verschwommen, eindeutige Definitionen finden sich nicht. Deutlich wird nur, daß es Aufgabe des Richters ist, den Forderungen dieser neuen Autorität zu folgen. Die Konsequenz dieser Auffassungen ist, daß der Richter seine Urteile aufgrund seiner eigenen Wertvorstellungen fällen kann.

4.5. Das Meinungsbild

Nur wenige Juristen hielten in der Frage der Vertragsveränderung an der Autorität des Gesetzes für den Richter fest.[169)] Dabei argumentierten die Anhänger dieser Meinung etwa so, wie es anhand des Aufsatzes von Matthiessen dargestellt worden ist. Man war der Auffassung, daß die gesetzliche Regelung trotz ihrer Härten nicht unvernünftig war.[170)] Auch das Problem der Rechtssicherheit spielte für die Anhänger dieser Meinung eine wichtige Rolle.[171)] Die eher zynische Art des Gesetzespositivismus, wie sie Schneider vertrat, fand dagegen keine weiteren Anhänger.
Die Mehrheit der Juristen befürwortete die Vertragsveränderung durch den Richter.[172)] Die Anhänger dieser Meinung beantworteten die Frage nach der Autorität des Richters meist nur verschwommen. Ganz wenige Juristen beriefen sich auf das Natur-

recht, indem sie, wie Endemann, das Wesen des Vertrages definierten.[173] Andere stützten sich auf die Volksanschauung[174] oder die Gerechtigkeit.[175] Meist aber fand die Autorität für den Richter gar keine Erwähnung; ohne weitere Diskussion wurde dem Richter die Macht zur Rechtsbildung übertragen.[176] Diese Unklarheit in der Frage der Autorität führte dazu, daß der Richter sich nach allen Meinungen in seinen Urteilen nach seinen eigenen Vorstellungen entscheiden durfte. Die meisten Anhänger der Vertragsveränderung durch den Richter gaben allerdings nicht zu, daß ihre Lösung dem Gesetz widersprach. Sie behaupteten eine Übereinstimmung mit dem Gesetz. Dabei stützten sie sich entweder auf § 242 BGB[177] oder auf die Regeln über die Auslegung von Verträgen.[178]

5. Das Problem der Hypothekenaufwertung

Mitte 1921 war die Diskussion um das Problem der Vertragsveränderung fast völlig beendet. Nachdem das Reichsgericht eine feststehende Rechtsprechung entwickelt hatte, war es sinnlos geworden, dieses Thema aufzugreifen. Die juristische Diskussion um die Bewältigung der Inflation verlagerte sich auf die Frage der Hypothekenaufwertung. Der Streit um dieses Problem dauerte über zweieinhalb Jahre. Es fragt sich, ob sich in dieser Zeit das Problem des Richterleitbildes klarer und deutlicher klärte, als es in der Diskussion um die Vertragsveränderung der Fall gewesen war.

Bei der Hypothekenaufwertung ging es um folgendes:

Vor dem Ersten Weltkrieg gaben viele Privatleute gern ihr Geld für ein hypothekarisch gesichertes Darlehen. Man tat es in der Erwartung, eine sichere Anlage mit auskömmlichen Zinsen gefunden zu haben. Nach dem Ersten Weltkrieg zeigte sich, daß diese Erwartung getrogen hatte. Die vor dem Krieg gewährten Hypothekendarlehen wurden zu ihrem Nennwert zurückgezahlt. Der Gläubiger mußte den Wertverlust, der durch die Inflation entstanden war, in vollem Umfange tragen. Er erhielt für 10.000 Mark des Jahres 1914 nur 10.000 Mark des Jahres 1922 oder 1923. So sank der Wert einer solchen Hypothekenforderung des Jahres 1914 Ende 1922 auf die Kaufkraft einiger Pfund Butter; Mitte 1923 reichten 10.000 Mark nicht mehr für die kleinsten Anschaffungen. Die Ersparnisse eines halben Lebens waren innerhalb von neun Jahren zu einem Nichts geworden.

5.1. Die gesetzliche Lösung des Problems

Die Frage, ob die Rückzahlung eines Hypothekendarlehens zum Nennwert in Banknoten erfolgen konnte, war ursprünglich in § 2 des Bankgesetzes von 1874 geregelt gewesen.[179)]
Darin hieß es:
"Eine Verpflichtung zur Annahme von Banknoten bei Zahlungen, welche gesetzlich in Geld zu leisten sind, findet nicht statt und kann auch für Staatskassen durch Landesgesetz nicht begründet werden."
Diese Norm verbot es also dem Reich und den Ländern, über ihre Banken oder Kassen Papiergeld herauszugeben, das im Rechtsverkehr als Zahlungsmittel angenommen werden mußte. Gesetzliche Zahlungsmittel waren, wie es das Reichsmünzgesetz von 1873[180)] festlegte, allein Reichsgoldmünzen. Lediglich Zahlungen bis zu 20 Mark konnten auch in Silbermünzen, solche bis zu einer Mark auch in Nickel und Kupfermünzen getilgt werden. Wo eine Geldschuld bestand, war es bis zum 31. Mai 1909 dem Gläubiger freigestellt, ob er Banknoten als Erfüllung annahm. Lehnte er es ab, geriet er nicht in Annahmeverzug. Art. 3 des Gesetzes zur Änderung des Bankgesetzes vom 1. Juni 1909 beendete diesen Zustand.[181)] Die Reichsbanknoten wurden durch diese Regelung den Reichsgoldmünzen gleichgestellt. Der Gläubiger einer Geldschuld mußte diese Banknoten zu dem Wert, auf den sie lauteten, annehmen. Er konnte sich nicht mehr darauf berufen, daß ein Zwanzigmarkschein weniger Wert sei als Goldmünzen über denselben Betrag. Verweigerte er die Annahme der Banknoten, geriet er in Annahmeverzug. Art. 3 des Gesetzes zur Änderung des

Bankgesetzes führte somit den Nennwertzwangskurs für Reichsbanknoten ein. Es fragt sich, warum man 1909 zu einer derartigen Gesetzesänderung griff. Die Verhältnisse waren stabil, der Goldvorrat der Reichsbank war ausreichend. Eine Antwort auf diese Frage gibt die Amtliche Begründung dieses Gesetzes:

> "Wenn sonach auch die durch § 2 des Bankgesetzes geschaffenen Verhältnisse bisher die zwingende Notwendigkeit einer Änderung dieser Vorschrift nicht dargetan haben, so ist doch nicht zu verkennen, daß die gegenwärtige Rechtslage immerhin die Möglichkeit in sich schließt, daß sich infolge einer zurzeit nicht vorausgesehenen und nicht voraussehbaren Entwicklung, insbesondere beim Eintritt von Krisen, schwerwiegende Nachteile für den Zahlungsverkehr ergeben können, die rückwirkend dann auch den Goldbestand der Reichsbank bedenklich beeinflussen müßten." (182)

Man dachte an Krisen und Kriege. In der Geschichte hatte es sich schon immer gezeigt, daß sich in derartigen Situationen wegen des steigenden Finanzbedarfs des Staates Währungsverschlechterungen nicht vermeiden ließen. Dieses Mittel würde aber stumpf werden, wenn die Bürger allein Zahlungen in Gold akzeptierten.

Allein die Einführung des Zwangskurses war an sich für das Problem der Hypothekenaufwertung belanglos. Die meisten Darlehnsverträge enthielten nämlich Klauseln, nach denen die Rückzahlung in Gold erfolgen sollte. Das bedeutete, daß der Schuldner bei Rückzahlung des Darlehens den Wert der gleichen Summe Goldes in Mark aufbringen mußte, den er empfangen hatte. Sank die Kaufkraft der Mark, mußte der Schuldner einen größeren Betrag aufbringen. Dies änderte sich mit der Verordnung des Bundesrats vom 28. September 1914. [183] Diese Norm erklärte alle Goldklauseln für unverbindlich. Der Schuldner war berechtigt, das Darlehen zu dem Markbetrag zurückzuzahlen, mit dem er es empfangen hatte. Die Reichsregierung begründete diese gesetzliche Maßnahme in der "Denkschrift über wirtschaftliche Maßnahmen aus Anlaß des Krieges."[184]

Darin heißt es:

> "In einer Zeit, in der die Reichsbank die Einlösung ihrer Noten gegen Gold sperrt, während der Verkehr nichtsdestoweniger die Vollwertigkeit der Noten unbeschränkt anerkennt, erschien die Außerkraftsetzung derartiger Goldklauseln erforderlich, um den Schuldner gegen schikanöse Ausübung des Gläubigerrechts zu schützen, aber auch unbedenklich, da sie den Gläubiger in keiner Weise benachteiligt. ...
> Aufgrund der bezeichneten Bekanntmachung vom 28. September 1914 kann eine in anderen Zahlungsmitteln angebotene Zahlung also nicht unter Berufung auf die Goldklausel abgelehnt werden; der Gläubiger würde in Verzug der Annahme kommen, die Verzinsung der abgelehnten Summe würde aufhören, und der Schuldner könnte den vergeblich angebotenen Betrag hinterlegen. Vertragsfolgen, die an die Nichterfüllung der Goldklauseln geknüpft sind, entfallen, insbesondere kann trotz entgegenstehender Vereinbarung eine Hypothek nicht deshalb gekündigt oder sofort eingefordert werden, weil eine Zins- oder Teilzahlung nicht in Gold geleistet worden ist." (185)

Im ersten Absatz dieses Zitats behauptet die Reichsregierung, daß die Außerkraftsetzung der Goldklauseln ohne Bedeutung für den Gläubiger sei: Er erhalte nach wie vor, was ihm gebühre. Nachteile habe er nicht zu erwarten. Die folgenden Zeilen zeigen dann aber sehr deutlich, worum es der Reichsregierung geht. Der Gläubiger sollte auf jeden Fall verpflichtet sein, Banknoten als Erfüllung anzunehmen. Ausdrücklich verweist die Denkschrift auf die Möglichkeit, im Falle des Annahmeverzugs den Geldbetrag zu hinterlegen und somit die Erfüllung auch gegen den Willen des Gläubigers herbeizuführen. Angesichts dieser deutlichen Stellungnahme war es klar, daß der erste Absatz höchstens den guten Willen der Reichsregierung dokumentieren sollte. Es verwundert nicht, daß sie ihre Absicht, notfalls die Kriegskosten durch die Inflation auf die Gläubiger zu verteilen, verhehlt. Keine Regierung, die nicht den sofortigen wirtschaftlichen Zusammenbruch heraufbeschwören will, kann zugeben, daß sie eine Inflationspolitik beabsichtigt.

Zweifel an der Rechtslage waren somit ausgeschlossen. Für alle Hypothekendarlehen galt der Nennwertzwangskurs.
Der Hypothekengläubiger mußte stets mit einer Befriedigung zum Nennwert zufrieden sein. Er war verpflichtet, die Last der Inflation zu tragen. Es kann keine Rede davon sein, daß die Inflation und ihre Folgen bei Hypothekendarlehen nicht gesetzlich geregelt waren.[186)]

5.2. Die Problematik der gesetzlichen Lösung

Die Wirkung der Inflation auf die Verteilung des Volksvermögens ist bereits an anderer Stelle geschildert worden.[187)]
Diese Wirkung beruhte nicht zuletzt auf dem Wertverfall von Hypotheken. Hypotheken dienten vielen Angehörigen des Mittelstands als Alterssicherung. Nach dem Verlust ihres Vermögens durch die Inflation blieb ihnen im Alter nur der Weg zur Fürsorge. Das Schicksal dieser Menschen zeigte am eindringlichsten, welche unerträglichen Folgen die Inflation gezeitigt hatte. An ihnen erwies sich, wie sehr die Inflation den bürgerlichen Tugenden von Sparsamkeit und Fleiß Hohn sprach. Für die Juristen stellte sich die Frage, ob sie die verheerenden Konsequenzen des Zwangskurses unbeachtet lassen sollten, wie es das Gesetz verlangte, oder ob gerichtliche Urteile für Abhilfe sorgen mußten. Das Problem war nicht leicht zu lösen. Eine Aufwertung von Darlehnsforderungen über den Nennwert schuf viele neue Probleme. Vielfach hatten Unternehmen im Vertrauen auf die Entwertung alter Schulden neue Kredite aufgenommen und Fremdkapital investiert. Würden sie erhöhte Tilgungs- und Zinslasten ohne Konkurs tragen können? Wie sollte vor allem der Staat die milliardenschwere Last der Kriegsanleihen jemals bezahlen? Wenn, wie viele Anhänger des Gesetzespositivismus befürchteten, die Abkehr vom Gesetz zum Chaos führen mußte, so drohte andererseits auch das Befolgen des Gesetzes im Chaos zu enden.

5.3. Die Rechtsprechung des Reichsgerichts

5.3.1. Die Rechtsprechung des Reichsgerichts bis 1922

Das erste reichsgerichtliche Urteil, das das Problem des Zwangskurses überhaupt erwähnt, stammt vom 25. September 1919. [188] Diesem Urteil lag folgender Fall zugrunde:

Die Schweizer Klägerin war vor dem Krieg Gläubigerin eines fälligen Anspruchs aus einer Bürgschaft. Die Höhe der Haftung aus dieser Bürgschaft war in Schweizer Franken angegegeben; dem Beklagten als Schuldner sollte es aber nach der Vereinbarung freistehen, in Mark zu leisten. Von dieser Möglichkeit machte der Beklagte, als er nach Kriegsende leistete, Gebrauch. Dabei legte er aber den Vorkriegskurs zugrunde. Er meinte, dies folge aus der Geltung des Zwangskurses.
Das Reichsgericht verurteilte den Beklagten zur Zahlung des Gegenwerts der Schweizer Franken in Mark, und zwar sei bei der Umrechnung der Nachkriegskurs zugrundezulegen. In der Urteilsbegründung führte das Reichsgericht aus:

> "Das Geld ist Wertmesser und Zahlungsmittel nur kraft staatlicher Anordnung, also nur innerhalb der Grenzen des eigenen Staatsgebietes." (189)

Das Gericht wiederholt in diesen Zeilen in seinen eigenen Worten die Regelung, die Art. 3 des Gesetzes zur Änderung des Bankgesetzes getroffen hatte. Nach seiner Auffassung gilt der Nennwertzwangskurs, weil er staatlich angeordnet ist. Die staatliche Anordnung ist das Gesetz. Es ist als solches verbindlich, soweit sich der Geltungsbereich des Gesetzes erstreckt, nämlich im Inland. Das Gericht erkennt somit die Herrschaft des Staates über das Recht an. Der Staat kann verbindlich anordnen, welche Funktion Banknoten im Rechtsverkehr haben sollen. Die staatliche Rechtssetzungsbefugnis ist für das Reichsgericht keiner Grenze unterworfen, daher ist auch der Richter zum Gehorsam gegenüber dem Gesetz verpflichtet. Das Gericht geht also in diesem Urteil von der Lehre des Gesetzespositivismus aus. Dies wird an einer anderen Stelle der Urteilsbegründung noch einmal deutlich. Die Richter behaupten, der im Inland wohnende Gläubiger könne sich nicht auf die Geldentwertung berufen,

> "solange der Staat das bisherige Geld als Wertmesser mit gleichbleibender Kraft beibehält." (190)

Die Richter setzen voraus, daß das Gesetz auf jeden Fall in Geltung bleibt, bis es geändert wird. Damit verwirft das Reichsgericht auch die Lehre Labands, der eine Selbstaufhebung eines Gesetzes für denkbar gehalten hatte.[191] Das Reichsgericht bekennt sich zur strengen Anwendung der Lehre vom Gesetzespositivismus. Es ist der Auffassung, daß der Richter unbedingt an die Autorität des Gesetzes gebunden ist. Das Gericht gab der Klage nur deshalb statt, weil die Bürgschaftsverpflichtung keinen inländischen Anspruch darstellte.

Selbst als Ende 1920 das Reichsgericht sich in der Frage der Vertragsveränderung von der Autorität des Gesetzes bereits gelöst hatte, blieb es bei dem Problem der Hypothekenaufwertung bei der gesetzlichen Lösung. Dies zeigt auch ein Urteil vom 18. Dezember 1920.[192] Der Kläger, Gläubiger eines Hypothekendarlehens, hatte mit dem Beklagten Zahlung in deutscher Reichsgoldmünze vereinbart. Er verlangte Schadenersatz dafür, daß ihm aufgrund der Währungsgesetze nur der Nennwert in Papiergeld gezahlt wurde.

Das Reichsgericht wies die Klage ab, obwohl die Mark inzwischen auf 6,2 % des Vorkriegswertes gefallen war. Das Gericht zitierte die einschlägigen gesetzlichen Bestimmungen und zog zu deren Auslegung die "Denkschrift über wirtschaftliche Maßnahmen aus Anlaß des Krieges" heran.[193]

Aus diesen Quellen folgerte das Gericht, daß der Nennwertzwangskurs unverändert fortbestehe und somit der Gläubiger allein den Schaden aus der Geldentwertung zu tragen habe. Rechtliche Bedenken, die sich aus dieser Lastenverteilung ergeben könnten, behandelte das Gericht in einem einzigen Satz:

> "Der Hinweis auf das durch das nachträgliche Sinken der Währung herbeigeführte entgegenstehende Interesse des Gläubigers kann nicht durchschlagen." (194)

Das Gericht definiert den Schaden des Gläubigers als Interesse. Dabei gebraucht es diesen Begriff wie Ihering und Heck. Das Interesse ist nicht selbst Recht, es kann nur durch ein Gesetz als rechtlich bedeutend anerkannt werden. Da das Gesetz dem Interesse des Gläubigers diese Anerkennung versagt hat, ist es nach Meinung des Reichsgerichts unbeachtlich.
Diese Begründung zeigt, daß das Gericht den Boden der Lehre des Gesetzespositivismus in dieser Frage nicht verlassen hat. Darüber hinaus belegt die Begründung durch ihre Kürze, daß diese Lehre den Richtern bei dem Problem des Nennwertzwangskurses nicht im geringsten fraglich gewesen ist. Die Autorität des Gesetzes für den Richter bleibt bestehen.
Selbst als Anfang 1922 100 Mark noch sechs Goldpfennige wert waren, änderte sich die Rechtsprechung nicht.[195)]
In einem Urteil vom 11. Januar 1922 geht das Reichsgericht bei der Auslegung eines Darlehensvertrages von der Gültigkeit des Nennwertzwangskurses aus, ohne darüber ein Wort der Begründung zu verlieren. Die Autorität des Gesetzes war noch ungebrochen.

5.3.2. Der Wandel der Rechtsprechung: Die Entscheidung des Reichsgerichts vom 28. November 1928, RGZ 107, 78 ff.

Die klare Linie der Rechtsprechung ermunterte nicht dazu, wegen der Frage des Nennwertzwangskurses Revision einzulegen. Deshalb dauerte es fast zwei Jahre, bis das Reichsgericht dieses Problem wieder aufgreifen konnte. Inzwischen war der Wert der Mark fast auf Null gesunken, die Goldmark entsprach dem Wert von einer Milliarde Papiermark. Das neue Urteil beruhte folgendem Sachverhalt:

Der Kläger war Eigentümer eines im ehemaligen deutschen Kolonialgebiet, in Lüderitzbucht, liegenden Grundstücks. Er hatte bei Fälligkeit ein hypothekarisch gesichertes Darlehen an den Beklagten zum Nennwert zurückgezahlt und verlangte daher die Herausgabe des Hypothekenbriefes und die Löschungsbewilligung. Der Kläger war der Auffassung, Berlin sei Erfüllungsort.
Der Beklagte meinte, Erfüllungsort sei Lüderitzbucht und für diesen Ort hätten die Zwangskursbestimmungen keine Gültigkeit.
Landgericht und Berufungsgericht gaben der Klage statt; das Reichsgericht verwies den Rechtsstreit zurück. Es erkannte die Möglichkeit einer Aufwertung an, gleich, wo sich der Erfüllungsort befand.
Der Wandel der Rechtsprechung war eingetreten, das Reichsgericht hatte Art. 3 des Änderungsgesetzes des Bankgesetzes außer Kraft gesetzt.
Das Reichsgericht bemühte sich, das Problem des Nennwertzwangskurses auf jeden Fall in diesem Urteil behandeln zu können. Dabei scheute es sich nicht, sogar juristische Urteilsregeln zu brechen. Das Gericht entschied nicht, wo der Erfüllungsort für den Darlehnsanspruch war, sondern es löste den Fall alternativ. Wo auch immer der Erfüllungsort sei, der Zwangskurs habe in keinem Fall Geltung. Das Gericht ließ eine vorrangige Frage offen, obwohl die nachrangige schwieriger oder doch gleich schwer zu lösen war. Hätte das Gericht nämlich festgestellt, daß Lüderitzbucht Erfüllungsort war, wären ihm die höchst umstrittenen und langwierigen Ausführungen zum Nennwertzwangskurs erspart geblieben. Wie schwer sich das Gericht tat, das Problem der Hypothekenaufwertung an sich zu ziehen, zeigt sich auch noch an einer anderen Stelle des Urteils. Der Beklagte war von der Gültigkeit des Zwangskurses ausgegangen, was angesichts der eindeutigen Rechtsprechung nicht verwundert. Daher hatte er darauf verzichtet, die Rechtswidrigkeit der Währungsgesetze in seiner Revisionsbegründung anzuführen, wie es nach §§ 554, 559 ZPO erforderlich

gewesen wäre. Das Reichsgericht mußte daher, um sich mit dem Problem des Nennwertprinzips befassen zu können, über eine halbe Seite hinweg begründen, warum der Beklagte, sei es auch noch so indirekt, die Rechtswidrigkeit des Zwangskurses in seiner Begründung angeführt habe.[196)]

Das rechtliche Erfordernis der Aufwertung von Hypothekenforderungen begründete das Reichsgericht vor allem in den folgenden Absätzen:

> "Nach § 242 BGB ist zu berücksichtigen, was Treu und Glauben mit Rücksicht auf die Verkehrssitte im einzelnen Falle erfordern. Diese erfordern billige Rücksichtnahme auf die Interessen beider Teile. Daraus folgt, daß nicht schlechthin der Grundsatz aufgestellt werden kann, daß allgemein jede Hypothekenforderung ohne weiteres aufgewertet werden müsse, oder daß bei allen die Aufwertung in gleichem Maße, etwa gar im Wertverhältnis der Papiermark zur Goldmark, stattzufinden habe. Es werden vielmehr neben dem - bei Zugrundelegung der Papiermarkrechnung - gesteigerten Werte des Grundstücks, der hauptsächlich von Bedeutung sein wird, auch die anderen Umstände des Falles in Betracht kommen müssen, zum Beispiel je nach der Sachlage die wirtschaftliche Leistungsfähigkeit des Schuldners, ferner der Umstand, ob es sich um landwirtschaftliche, industrielle oder städtische Grundstücke handelt; ebenso werden die Lasten, namentlich öffentlicher Art, die dem Grundbesitz auferlegt sind, bei Mietgrundstücken auch die Verminderung ihres Ertrages durch die zum Schutze der Mieter ergangenen Bestimmungen, Berücksichtigung verdienen.
>
> Die Bestimmungen des deutschen Währungsrechts stehen der Zulässigkeit der Aufwertung nicht entgegen. Zwar sind nach dem Gesetz über die Abänderung des Bankgesetzes vom 1. Juni 1909 die Noten der Reichsbank gesetzliches Zahlungsmittel. Das gleiche gilt bis auf weiteres für die Reichskassenscheine . ... . Durch § 2 dieses Gesetzes ist ferner bis auf weiteres die Pflicht der Reichsbank zur Einlösung ihrer Noten aufgehoben; ... .
> Aber alle diese Bestimmungen beruhten auf der zur Zeit ihres Erlasses bei dem gesunden Zustande der deutschen Volkswirtschaft durchaus begründeten Auffassung, daß die Banknoten und die Kassenscheine an Wert dem Metallgelde gleichstanden. Noch die VO vom 28. September 1914 ist damit begründet, daß

> der Verkehr die Vollwertigkeit der Noten unbeschränkt anerkenne und daß die vorübergehende Außerkraftsetzung der Goldklausel den Gläubiger in keiner Weise benachteilige (Denkschrift über die wirtschaftlichen Maßnahmen aus Anlaß des Krieges; Drucks. des Reichstages ... S. 7). An eine wesentliche Entwertung des Papiergeldes, noch dazu an eine derart hohe, wie sie nach dem unglücklichen Ausgange des Weltkriegs und nach dem Umsturz immer mehr und mehr Wirklichkeit geworden ist, hat also der Gesetzgeber beim Erlaß jener Vorschriften nicht gedacht. Nach dem Eintritte des Verfalls der Papiermark entstand nunmehr ein Widerstreit zwischen diesen Währungsvorschriften einerseits, auf der anderen Seite denjenigen sonstiges Gesetzesbestimmungen, die verhüten wollen, daß der Schuldner in der Lage sei, sich seiner Verbindlichkeiten in einer Weise zu entledigen, die mit den Anforderungen von Treu und Glauben und mit der Verkehrssitte nicht vereinbar ist, also namentlich mit der das Rechtsleben beherrschenden Vorschrift des § 242 BGB. Bei diesem Widerstreit muß die letztere Vorschrift Vorrang haben. ... .
>
> Bei welchem Grade der Geldentwertung sich die Notwendigkeit einer Aufwertung der Forderung des Gläubigers als dem Gesetzentsprechend herausstellt, wird im einzelnen Falle nach den Grundsätzen von Treu und Glauben zu ermessen sein."(197)

Es ist überraschend, wie unklar dieses Urteil ist. Das Reichsgericht erkennt nicht etwa grundsätzlich die Notwendigkeit der Aufwertung an, es hält sie nur für möglich. Die Aufwertung ist nach Auffassung des Gerichts mit dem Recht vereinbar; das Recht aber gebietet sie nicht auf jeden Fall. Es bleibt nach diesem Urteil auch die Höhe der Aufwertung offen. Erst das Untergericht soll die Aufwertung vornehmen. Diese Unklarheit im Ergebnis steht im Gegensatz zu dem Eifer, mit dem das Reichsgericht die Frage der Hypothekenaufwertung an sich gezogen hat.

Als Rechtsgrundlage seiner Entscheidung nennt das Reichsgericht § 242 BGB. Es versucht, die Frage nach dem Inhalt des § 242 BGB zu beantworten. Das Gericht definiert Treu und Glauben als "billige Rücksichtnahme auf die Interessen beider Teile". In diesem Urteil wandelt sich der Begriff des Interesses.

Er wird zu einem Rechtsbegriff, der von dem Richter beachtet werden muß. Das Interesse ist keine bloße Tatsache mehr, wie es noch in RGZ 101, 146 ff. geheißen hatte.
Ebenso verhält es sich mit dem Begriff der Billigkeit. Für Windscheid war die Billigkeit noch ein Gebot der Ethik, in diesem Urteil ist sie ein Gebot des Rechts. Schon diese neue Begrifflichkeit zeigt, daß das Reichsgericht den Boden des Gesetzespositivismus verlassen und damit die Autorität des Gesetzes für den Richter ihre Gültigkeit verloren hat. Die billige Interessenabwägung, die das Reichsgericht verlangt, ist aber nur eine Leerformel. Sie kann nicht die neue Autorität des Richters sein. Es fragt sich also, was sich hinter diesen Worten verbirgt. Das Reichsgericht bemüht sich, die Interessenabwägung näher zu konkretisieren. Dabei stellt es eine vage negative Formulierung an den Anfang seiner diesbezüglichen Ausführungen: "nicht ... schlechthin ... ohne weiteres ...". Das Reichsgericht will eine Festlegung vermeiden. Diese Vermutung bestätigt sich, wenn man die Konkretisierung der billigen Interessenabwägung weiter verfolgt. Das Gericht benennt Indizien, mit deren Hilfe abgewogen werden soll. Es reiht diese Indizien in einem langen Satz aneinander. Hauptsächlich soll es auf den Wert des Grundstückes ankommen. Damit hat es aber noch längst nicht sein Bewenden. Andere Umstände können nach Auffassung des Gerichtes hinzutreten. Bei der Erläuterung dieser Umstände bemüht sich das Reichsgericht, die Argumentation besonders unbestimmt zu halten. Diese Indizien sollen nur Beispiele sein, nur je nach Sachlage angewendet werden oder auch nicht. Das zeigt, daß die im Urteil erfolgende Aufzählung nur zufällig ist; keines der genannten Kriterien soll einen Anspruch auf Allgemeingültigkeit besitzen. Die wirtschaftliche Leistungsfähigkeit des Schuldners steht neben anderen Indizien, die sich ihr unterordnen lassen, wie die Höhe der Lasten und die Auswirkungen der Mieterschutzgesetze. Diese Aufzählung nur zufälliger Indizien durch das Gericht zeigt, wie die Entscheidung über die Aufwertung gefällt werden soll. Der

Richter soll alle Umstände des einzelnen Falles berücksichtigen. Er muß eine Gesamtschau vornehmen. Indem das Reichsgericht dem Richter diese Aufgabe überträgt, verläßt es den Boden der traditionellen Rechtsprechung. Bisher war der Richter - wie der Jurist überhaupt - durch die Methodenlehre daran gewöhnt, einen Fall zu lösen, indem er sich an bestimmten, vom Gesetz festgelegten Merkmalen orientierte. Es war lediglich seine Pflicht festzustellen, ob der zu lösende Rechtsfall die erforderlichen Merkmale aufwies. Die Gesamtschau, die nunmehr vom Reichsgericht verlangt wird, ist etwas anderes. Sie mag ein brauchbarer philosophischer Ansatz sein, zur Subsumtion taugt sie nicht. In diesem Urteil hat das Reichsgericht also die traditionelle Methodenlehre aufgegeben, ganz, wie es die Freirechtsschule gelehrt hatte. Wie bei der Freirechtsschule bleibt auch hier im Dunkeln, an welcher Autorität sich der Richter bei seiner Gesamtschau orientieren soll. Das Reichsgericht argumentiert nicht einmal, wie etwa bei der Frage der Vertragsveränderung, mit einer irgendwie empfundenen Gerechtigkeit. Es verdunkelt diese Frage, indem es sich mit dem Hinweis auf § 242 BGB begnügt.
Der zweite Absatz der zitierten Urteilsgründe scheint ganz in den Bahnen der juristischen Tradition zu bleiben. Dieser Abschnitt ist klarer als der vorhergehende formuliert. Scheinbar steht die Argumentation des Reichsgerichts auf festem Boden. Es führt aus, daß die Währungsgesetze ihren Geltungsgrund in dem gesunden Zustand der Volkswirtschaft gehabt hätten. Wie die "Denkschrift über die wirtschaftlichen Maßnahmen aus Anlaß des Krieges" zeige, habe der Gesetzgeber eine wesentliche Entwertung des Papiergeldes ausgeschlossen. Daher müsse § 242 BGB den Währungsgesetzen vorgehen. Diese Argumentation erinnert sowohl an die subjektive Auslegungsmethode als auch an die Theorie Labands.[198)] Doch weder das eine noch das andere vermag das Ergebnis des Reichsgerichts zu erklären.
Die subjektive Auslegungsmethode hatte das Reichsgericht bereits im 101. Band angewendet, als es sich mit dem Sinn des

Nennwertzwangskurses befaßte.[199] Damals hatte es den Inflationsschaden des Gläubigers durch den Zwangskurs als rechtlich bedeutungslos betrachtet. Es hatte dabei ausdrücklich auf den Inhalt der Denkschrift verwiesen. Es bleibt offen, wie das Gericht zwei Jahre später aufgrund derselben Quelle zum entgegengesetzten Ergebnis kommt. Dies läßt sich auch nicht damit erklären, daß das Reichsgericht davon ausging, einen gewissen unwesentlichen Wertverlust der Mark habe der Gesetzgeber einkalkuliert. 1921, zur Zeit der Entscheidung im 101. Band, war die Mark bereits auf ein Zwanzigstel des Vorkriegswertes gesunken. Schon damals konnte also von einem unwesentlichen Wertverlust der Mark keine Rede sein. Hätte das Gericht wirklich gemeint, der Zwangskurs beruhe auf stabilen wirtschaftlichen Verhältnissen, hätte es ihn schon 1921 beseitigen müssen. Hinzu kommt, daß bei konsequenter Anwendung der subjektiven Auslegungsmethode Zweifel an der Gültigkeit des Zwangskurses nicht denkbar sind. Wie ausgeführt[200], läßt sich aus der Amtlichen Begründung des Art. 3 des Gesetzes zur Änderung des Bankgesetzes und aus der Denkschrift nur der Schluß ziehen, daß der Nennwertzwangskurs auf jeden Fall Gültigkeit haben sollte. Die subjektive Auslegungsmethode kann somit die Auffassung des Reichsgerichts auf keinen Fall stützen.
Nach Labands Lehre hätte das Reichsgericht annehmen müssen, daß die Verordnung vom 28. September 1914 wie auch Art. 3 des Änderungsgesetzes zum Bankgesetz obsolet geworden sind. Daß dies nicht der Fall ist, haben schon die Ausführungen zur subjektiven Auslegungsmethode gezeigt. Der Befehl des Gesetzgebers sollte gerade für den Fall einer Geldentwertung gelten. Vor allem aber sind nach Labands Theorie obsolete Gesetze ungültig. Vor dieser Feststellung schreckt das Reichsgericht aber zurück. Es spricht von einem Widerstreit zwischen dem Währungsgesetz und § 242 BGB. Ein solcher Widerstreit ist nur möglich, wenn nicht nur § 242 BGB, sondern auch das Währungsgesetz noch in Kraft ist. Lediglich, so meint das Gericht, sei ein starres Festhalten an den Währungsvorschriften nicht

vorgesehen.[201] Der zweite Absatz des Zitats zeigt also, daß das Reichsgericht mit offenbaren Mängeln argumentiert, um sein Ergebnis mit der traditionellen positivistischen Lehre in Einklang zu halten.

Der dritte Absatz des Zitats enthält die Zentralaussage des Urteils: Im Einzelfall ist die Aufwertung nach Treu und Glauben vorzunehmen. Dieses Ergebnis verdeutlicht noch einmal das Spannungsverhältnis zwischen der bisherigen juristischen Praxis, deren Aufgabe das Reichsgericht nicht zugeben will, und seiner neuartigen Lösung des Aufwertungsproblems. Indem das Gericht auf den Einzelfall verweist, bezeichnet es die Grundlage des § 242 BGB, die exceptio doli generalis. Diesem Institut liegt die Idee zugrunde, daß das Gesetz im Einzelfall wegen seiner ungerechten Lösung der Korrektur bedarf.[202]

Das Reichsgericht gibt also, indem es auf den Einzelfall Bezug nimmt, vor, sein Urteil ergebe sich kontinuierlich aus der bisherigen Rechtspraxis. In Wirklichkeit aber bemüht das Gericht § 242 BGB ganz im Sinne Stammlers als kritischen Prüfstein für das Gesetzesrecht. Die Rechtspflicht des Schuldners, mehr als den Nennwert als Erfüllung einer Forderung zu zahlen, konnte nach dem Verfall der Mark nur grundsätzlich oder gar nicht bestehen. Von Einzelfällen konnte keine Rede sein. Es mußte vielmehr der ausnahmslosen Regel entsprechen, daß § 242 BGB das Recht der Währungsgesetze brach.

Das Spannungsverhältnis von traditioneller Lehre und neuartiger Lösung des Aufwertungsproblems erklärt auch, daß das Reichsgericht den Anspruch auf Aufwertung so unsicher formulierte. Wollte man nicht ganz offensichtlich mit dem Gesetz brechen, blieb nur, sich irgendwie an § 242 BGB zu halten. Diese Norm konnte aber nur die Möglichkeit einer Aufwertung im Einzelfall gewähren.

Das Reichsgericht bricht mit der Autorität des Gesetzes für den Richter. Aber es hält die Illusion dieser Autorität aufrecht. Es bekennt sich deshalb auch zu keiner anderen Autorität. Was das Gericht an die Stelle des Gesetzes setzen will, bleibt unklar, denn es verschwindet hinter der vorgeschobenen Autorität des Gesetzes. Deutlich wird allein, daß das Reichsgericht von dem Willen beseelt ist, die Aufwertung durchzusetzen.

5.3.3. Der politische Konflikt um das Richterleitbild in der Aufwertungsfrage

Das Problem der Hypothekenaufwertung war ein politisch heiß umstrittenes Thema. Die Materie bot eine Unzahl von Schwierigkeiten. Niemand konnte vorhersagen, ob Staat und Industrie eine Aufwertung würden tragen können.[203)]

Daher verwundert es nicht, daß das Aufwertungsurteil des Reichsgerichts neben großer Zustimmung auch auf scharfe Kritik stieß. Es bildete sich das Gerücht, daß ein gesetzliches Verbot der Aufwertung drohe. Die Richter des Reichsgerichts fühlten sich angegriffen. Der Vorstand des Richtervereins am Reichsgericht reagierte heftig. Am 8. Januar 1924 richtete er eine Eingabe an die Reichsregierung, die er sogleich veröffentlichte. In dieser Eingabe rechtfertigten die Richter die Entscheidung des Reichsgerichts:

> "Niemand wird dem Reichsgericht den Vorwurf machen, daß es vorschnell und unüberlegt die Gleichung Mark gleich Mark aufgegeben habe. ...
> Von besonderer Bedeutung ist die Entscheidung des 5. Zivilsenats vom 28. November 1923, die im Grundsatz dem Schuldner die Befugnisabspricht, eine in besserem Geld begründete Schuld in entwerteter Papermark abzutragen und die Löschung der Hypothek zu fordern. Die zurückhaltende Art, wie dieses Urteil begründet ist, ist ein Zeugnis davon, wie sehr sich der Senat seiner Verantwortung angesichts der Tragweite der Entscheidung bewußt gewesen ist." (204)

Der klare, von Hauptsätzen getragene Stil dieser Zeilen zeigt, daß die Richter an der Richtigkeit ihrer Entscheidung nicht zweifelten. Selbstbewußt schildert der Vorstand des Richtervereins, daß man nicht aus einer Laune heraus, sondern wohlüberlegt und bedächtig gehandelt habe. Die Richter übernehmen die "Verantwortung" für das Urteil. In diesem Begriff zeigt sich, wie der Vorstand die Stellung des Richters zum Gesetz definiert. Als Mund des Gesetzes träfe den Richter keine Verantwortung für sein Urteil. Anders ist es, wenn der Richter Hüter eines Rechts wird, das vom Gesetz verschieden ist. Daß der Vorstand des Richtervereins an der Autorität des Gesetzes für den Richter nicht festhalten will, zeigt sich auch an der Interpretation des Aufwertungsurteils. Anders als in diesem Urteil selbst heißt es hier, daß die Aufwertung "im Grundsatz" erfolgen müsse. Sie stellt also nach Auffassung des Vorstandes gerade nicht den Einzelfall dar, den das Urteil beschworen hatte. Man bewertet die Begründung des Urteils allein als einen Akt politischer Klugheit. Der Vorstand spricht von der zurückhaltenden Art der Begründung. Er will damit ausdrücken, daß das Reichsgericht bewußt die Bedeutung der Entscheidung herabgespielt habe. Das Urteil sollte also nach Auffassung des Vorstandes des Richtervereins Reichsregierung und Reichstag treffen, da beide sich vor einer Anerkennung der Aufwertung scheuten, zugleich aber die offene Konfrontation vermieden. Der Vorstand des Richtervereins gibt somit, wenn auch verdeckt, zu, daß das Gericht das Recht in die eigenen Hände genommen hat. Daß dies das Verhältnis von Gesetz und Richter verändert, spricht der Vorstand im nächsten Abschnitt seiner Eingabe offen aus:

> "Wenn der höchste Gerichtshof des Reiches nach sorgfältiger Erwägung des Für und Wider zu einer solchen Entscheidung gelangt ist, so glaubt er von der Reichsregierung erwarten zu dürfen, daß die von ihm vertretene Auffassung nicht durch einen Machtsprucht des Gesetzgebers umgestoßen wird.
>
> Gestützt ist die Entscheidung auf den großen Gedanken von Treu und Glauben, der unser Rechtsleben beherrscht, gestützt auf die Erkenntnis, daß ein ferneres Festhalten an der Vorstellung, Mark sei gleich Mark, zu einem höchsten Maße des Unrechts führen würde, unerträglich in einem Rechtsstaat. ...

> Dieser Gedanke von Treu und Glauben steht außerhalb des einzelnen Gesetzes, außerhalb einer einzelnen positiv-rechtlichen Bestimmung. Keine Rechtsordnung, die diesen Ehrennamen verdient, kann ohne jeden Grundsatz bestehen. Darum darf der Gesetzgeber nicht ein Ergebnis, das Treu und Glauben gebieterisch fordern, durch sein Machtwort vereiteln." (205)

Der Gegensatz von Recht und Macht beherrscht diese beiden Absätze. "Machtspruch" und "Machtwort" bezeichnen die Attribute eines Gesetzgebers, dem der Richter als Verkünder des Rechts gegenübersteht. Dieses Recht verkörpert sich nach Meinung des Vorstandes des Richtervereins vor allem in den Begriffen Treu und Glauben. Der Vorstand meint, Treu und Glauben stünden außerhalb des Gesetzes. Diese Bemerkung könnte zu dem Schluß veranlassen, nach Auffassung der Richter enthalte die gesetzliche Ordnung als Ganzes Treu und Glauben. Doch es bedeutet höchstes Unrecht, wenn man den Forderungen von Treu und Glauben nicht folgt. Die Erläuterung der Begriffe durch den Vorstand mündet in der Feststellung, der Gesetzgeber dürfe die Ergebnisse von Treu und Glauben nicht "durch sein Machtwort vereiteln". Dem Gesetzgeber steht also nach Auffassung der Richter am Reichsgericht nicht die Befugnis zu, über den Inhalt von Treu und Glauben zu disponieren. Soweit Treu und Glauben betroffen sind, kann sich der Gesetzgeber nicht frei entscheiden. Treu und Glauben stellen ein vorgegebenes Recht dar, das über dem Gesetz steht. Es bestätigt sich also, was sich schon am ersten Absatz der Eingabe erwiesen hat. Recht und Gesetz bedeuten für den Vorstand des Richtervereins nicht dasselbe.

Indem der Vorstand sich auf die Natur des Rechtsstaates beruft, um die allgemeine Verbindlichkeit der Ergebnisse von Treu und Glauben zu begründen, macht er sich die Vorstellung zunutze, die mit diesen Worten verbunden ist. Der Liberalismus versteht unter einem Rechtsstaat einen Staat, in dem alle Staatsorgane an das Gesetz gebunden sind.[206] Der Vorstand

des Richtervereins kehrt den Begriff des Rechtsstaates um. Rechtsstaat ist nach seiner Auffassung ein Staat, in dem es gerecht zugeht. Der Rechtsstaat wird materiell und nicht mehr formell bestimmt. Angesichts dieser neuen Definition zeigt sich, worin der Gegensatz von Recht und Macht liegt. Dem Rechtsstaat liberaler Prägung ist ein Unrecht des Gesetzgebers fremd, denn Gesetz und Recht bedeuten unter der Herrschaft des Gesetzespositivismus dasselbe. Die Gesetzgebungsbefugnis wandelt sich unter dem Rechtsstaatsbegriff des Vorstandes des Richtervereins von einer Rechtsetzungsbefugnis in eine bloße Machtbefugnis um. Das Wort "Machtspruch" stammt aus der Aufklärung und bezeichnet dort den Eingriff des Monarchen in die Rechtspflege.[207)] Reichstag und Reichsregierung ähneln also nach Auffassung des Vorstandes des Richtervereins am Reichsgericht einem absolutistischen Herrscher, wenn sie die Aufwertung verbieten.[208)] Die Macht dieser beiden Organe bedarf nach Meinung der Richter einer Korrektur, durch die der Rechtsstaat sich erst verwirklicht.
In einem weiteren Absatz der Eingabe droht der Vorstand des Richtervereins damit, daß die Richter gesetzliche Vorschriften, die die Aufwertung verbieten, nicht anwenden werden. Diese Drohung ist eine Konsequenz aus dem Rechts- und Rechtsstaatsbegriff des Vorstandes. Der Gesetzgeber darf den Inhalt von Gesetzen nicht im Gegensatz zu Treu und Glauben bestimmen. Tut er dies trotzdem, ist das Gesetz nicht Recht; der Richter als Hüter des Rechts ist an solches Gesetz nicht gebunden.

Der Vorstand des Richtervereins läßt keinen Zweifel, was in der Frage der Aufwertung Inhalt des Rechts ist. Dies ist die Aufwertung entsprechend der reichsgerichtlichen Judikatur. Damit ist das Gesetz als Autorität des Richters beseitigt. Man sieht sich aber außerstande, eine neue Autorität verbindlich zu bestimmen. Dies zeigt sich an der Antwort des Vorstandes auf die Frage, warum ein gesetzliches Aufwertungsverbot Unrecht darstellt:

> "Schon ist in der Öffentlichkeit mehrfach und eindringlich die Frage erörtert worden, ob nicht der geplante Eingriff selbst (d.i. das Verbot der Aufwertung) als ein Verstoß gegen Treu und Glauben, als unsittlich seiner unsittlichen Folgen wegen, als eine verfassungswidrige Enteignung, oder als eine dem verfassungsmäßig gewährleisteten Grundsatz der Allgemeinheit der Besteuerung hohnsprechende Steuer rechtsunwirksam wäre. Die ernste Gefahr einer solchen oder ähnlichen richterlichen Beurteilung der geplanten Maßnahme - auch durch das höchste Gericht - besteht ..." (209)

Der Vorstand des Richtervereins stellt auf die Frage nach dem Unrecht eines Aufwertungsverbots mehrere mögliche Antworten nebeneinander, ohne dabei einen Anspruch auf Vollständigkeit zu erheben. Er definiert das Recht nur für den einzelnen Fall. Eine neue Autorität für den Richter wird nicht genannt. Damit sind die Richter ihre eigene Autorität.
Die Eingabe des Richtervereins gelangte über die Reichskanzlei an den Reichsjustizminister. Der Staatssekretär der Reichskanzlei schlug dem Justizminister vor, die Antwort in scharfer Form abzufassen:

> "Es ist ... die mittelbar ausgesprochene Drohung auf das schärfste zurückzuweisen, daß bei etwaiger Schaffung eines die Aufwertung verbietenden Gesetzes das Reichsgericht die Berufung auf ein solches Gesetz als wider Treu und Glauben verstoßend abweisen würde. ...
> Ich kann nur annehmen, daß die Mitglieder des Richtervereins beim Reichsgericht bei Abfassung ihrer Eingabe an den Herrn Reichskanzler sich nicht klar gemacht haben, welchen unerhörten Vorwurf sie hiermit gegen die Mitglieder der Reichsregierung bzw. die gesetzgebenden Faktoren erheben würden. ... " (210)

Bemerkenswert ist vor allem der zweite Absatz dieses Vorschlags für eine Antwort. Die Eingabe des Vorstandes des Richtervereins enthielt eine Kritik an der Reichsregierung und dem Parlament. Die Antwort darauf läßt erkennen, daß man dies in der Reichskanzlei für einen ganz außergewöhnlichen Vorgang hielt.

Der Vorwurf, die Richter hätten sich die Konsequenzen ihrer Eingabe nicht überlegt, ist der schwerste, der sich denken läßt. Daß Richter unter Ausnutzung ihres Amtes Parlament und Regierung unter Druck setzen wollten, war eine Entwicklung, wie sie sich in diesem Maße in Deutschland noch nie abgespielt hatte. Aus dieser Sicht waren es die Richter, die in die Gefahr gerieten, "Machtsprüche" zu fällen. Es galt daher, den Anspruch der Richter mit allen zu Gebote stehenden Mitteln zurückzuweisen. Sonst sah sich die Regierung auf dem wichtigsten Gebiet ihrer Arbeit in die Enge getrieben. Stets müßte man, machten die Richter mit ihrem Prüfungsanspruch Ernst, damit rechnen, daß mühselig ausgehandelte Gesetze von den Gerichten kassiert würden.
Der Justizminister folgte dem Vorschlag der Reichskanzlei nicht. Er schwächte die Antwort in Ton und Inhalt ab. Die Ansichten über die Art der Regelung seien geteilt.

> "Geteilt auch nach der Verkündung des Reichsgerichtsurteils, dessen Bedeutung nach dem Wesen des Richterspruchs darin liegt, mit der Autorität des höchsten Gerichtshofes die gegenwärtige Rechtslage festzustellen und damit eine zweifelsfreie Grundlage für die künftige Gesetzgebung zu geben. Es hieße diese Bedeutung verkennen, wollte man in der Abänderung eines vom Reichsgericht maßgebend ausgelegten Gesetzes eine Umstoßung der Auffassung des Reichsgerichts durch Machtspruch des Gesetzgebers finden. Auf der andern Seite würde es zur Auflösung der Rechtsordnung und zu einer unheilvollen Erschütterung des Staatsgefüges führen, wollte ein Gericht für sich das Recht in Anspruch nehmen, ein verfassungsmäßig zustande gekommenes Gesetz nicht anzuwenden, weil es nach der Ansicht der Mehrheit seiner Mitglieder mit dem allgemeinen Sittengesetz nicht in Einklang stehe. ...(es müßte) dem schwer um seine Existenz und für seine Erneuerung ringnden deutschen Volke jeden Halt nehmen ..., wollte man nur einen Zweifel daran bestehen lassen, daß sich das Leben des Einzelnen und der Gesamtheit nach den Gesetzen zu richten hat und die Gerichte nach den bestehenden Gesetzen Recht sprechen. Ich würde es tief bedauern, wenn nach dieser Richtung die Ausführungen des gef. Schreibens

> zu Mißverständnissen Anlaß geben sollten, und weiß mich mit dem Richterverein in dem Wunsche einig, solchen Mißdeutungen durch eine offene Aussprache vorzubeugen." (211)

Justizminister und Reichskanzlei sind sich, was die Bindung des Richters an das Gesetz angeht, völlig einig. Der Richter ist dem Gesetz absoluten Gehorsam schuldig. Dabei entspricht die Argumentation des Justizministers der Tradition des Gesetzespositivismus im späten 19. Jahrhundert. Wie Ihering und Bergbohm warnt er vor einer "Auflösung der Rechtsordnung"; es drohe bei Nichtbeachtung der Gesetze durch den Richter das Chaos. Jeder Halt fehle, wenn sich niemand mehr auf den Bestand von Gesetzen verlassen könne. Nach diesem Bekenntnis zum absoluten Gesetzesgehorsam des Richters geht der Justizminister in einem versöhnlichen Ton auf die Eingabe des Richtervereins ein. Statt die Kritik der Richter als unerhörten Vorwurf zu qualifizieren, wie es die Reichskanzlei vorgeschlagen hatte, warnt er lediglich vor Mißverständnissen. Die eindeutigen Ausführungen der Eingabe zum Gesetzesgehorsam des Richters, glaubt der Justizminister, seien mit seiner eigenen Auffassung vereinbar. Allerdings sei die Eingabe einer anderen Auslegung durchaus zugänglich gewesen. In Wirklichkeit ist aber ein Mißverständnis so gut wie ausgeschlossen, zumal, nachdem den Minister der Auftrag der Reichskanzlei erreicht hatte. Es ging dem Justizminister bei seiner vorsichtigen Formulierung darum, einen Konflikt mit dem Reichsgericht zu vermeiden.[212)] Die Reichsregierung war Anfang 1924 zu schwach, um sich mehr Konflikte als unbedingt notwendig aufzuladen. Die Reichsexekution in Sachsen und Thüringen, den Aufstand in Hamburg und den Putsch in München und vor allem den Ruhrkampf hatte man mit knapper Not überstanden. Es drohte eine Versorgungskrise, falls die reibungslose Durchführung der Währungsreform mißlang. Die Landwirtschaft war nicht mehr bereit, ihre Produkte für unsicheres Geld abzugeben.[213)] Die Durchführung der Aufwertungsgesetzgebung war eine wichtige

Voraussetzung für die Stabilität der Rentenmark.[214] Ohne die Hilfe der Gerichte war an eine derartige Gesetzgebung nicht zu denken. In dieser Lage konnte sich die Regierung einen Verfassungskonflikt nicht leisten.[215]
Der Konflikt um die Autorität des Richters blieb daher politisch ungelöst. Die Schwäche hinderte die Reichsregierung daran, ihre Auffassung gegen die Richter durchzusetzen. Daher gab es im politischen Streit um das Richterleitbild weder Sieger noch Besiegte.

5.4. Richterleitbilder in der Literatur

Das Problem der Hypothekenaufwertung löste in der Literatur eine heftige Diskussion aus. Dabei ging es letztlich um die zeitgemäße Definition des Richterleitbildes. Die Anhänger des Gesetzespositivismus standen wiederum den Verfechtern neuer Leitbilder gegenüber.

5.4.1. Die Position des Gesetzespositivismus

5.4.1.1. Arthur Nußbaum

Nußbaum war Professor für Wirtschafts- und Währungsrecht. Er dachte nicht nur juristisch, sondern er versuchte auch, die wirtschaftlichen und politischen Konsequenzen rechtswissenschaftlicher Theorien zu beleuchten. Aus der Distanz einiger Jahre zog er 1929 eine "Bilanz der Aufwertungstheorie". Unter Aufwertungstheorie verstand er die Lehre des Reichsgerichts zur Aufwertung, wie sie sich etwa aus dem Urteil RGZ 107, 78 ff. ergibt. Ans Ende seines Buches setzte Nußbaum einige Bemerkungen zum Richterleitbild des Reichsgerichts:

> "Es handelt sich ja hier nicht nur um die Ideale der Reichsrichter, sondern jeder Amtsrichter dürfte, wenn die Aufwertungstheorie des Reichsgerichts zuträfe, die Gesetze an seinen ethischen

> Idealen messen und sie danach zurechtschneiden. Weil in der Proklamierung solcher Möglichkeiten, zumal angesichts der andauernden innenpolitischen Spannung, große Gefahrenherde liegen, darf man sich nicht dabei beruhigen, daß die nachweisbaren Eingriffe in die Gesetzgebung gering an der Zahl sind. Es geht nicht an, daß das Reichsgericht die Frage, ob der Richter als der Hüter von Treu und Glauben über dem 'einzelnen' Gesetz steht, als streitig behandelt, daß es das Ansinnen, revolutionäres Notrecht zu schaffen, nicht ablehnt oder ignoriert, sondern freundlich verbucht, und daß es gelegentlich nach seinem Ermessen dem Gesetzgeber dessen sittliches Wohlverhalten bescheinigt." (216)

Nußbaum bedient sich einer alltäglichen Sprache. In seinem Résumée finden sich keine Begriffe aus den Bereichen von Philosophie und Theologie. Der verbale Stil des Autors schafft klare und eindeutige Aussagen; dadurch wird der Text leicht verständlich. Es ist die Sprache eines praktischen Rationalisten.

Diesem Stil entspricht der Inhalt des Textes. Nußbaums Beweistechnik ist der Logik entnommen. Er bedient sich eines Argumentum ad absurdum. Indem er die Konsequenzen der Aufwertungstheorie des Reichsgerichts schildert, beschreibt er einen Zustand, von dem er meint, daß niemand ihn verwirklichen will. Die Aufwertungstheorie des Reichsgerichts führt nach seiner Auffassung dazu, daß jeder Richter die Gesetze an seinen Idealen mißt und als Recht nur dasjenige anerkennt, was seinen persönlichen Vorstellungen entspricht. Nußbaum hält als Folge dieses reichsgerichtlichen Richterleitbildes "große Gefahrenherde" bei innenpolitischen Spannungen für unumgänglich. Worin diese Gefahrenherde liegen, beschreibt er an anderer Stelle. Die reichsgerichtliche Rechtsprechung macht nach seiner Auffassung eine "kraftvolle, selbstsichere Gesetzgebung" unmöglich.[217)] Regierung und Parlament sind nicht mehr in der Lage, ihren Willen durchzusetzen. Sie können die Geschicke des Staates nicht mehr lenken, wenn die Richter es ihnen nicht erlauben. Es droht jenes Chaos, vor dem Bergbohm und Ihering gewarnt hatten. Nußbaum prophezeit das Chaos eines unregierbaren Staates. Wenn der Staat die Spannungen nicht mehr lösen kann, droht der Bürgerkrieg. Um diesen Zusammenbruch des Staates zu vermeiden, so meint Nußbaum, darf der Richter an der Autorität des Gesetzes nicht zweifeln.

Abschließend faßt Nußbaum das Richterleitbild des Reichsgerichts in einem ironischen Bild zusammen. Das Reichsgericht "verbucht freundlich", was man an es heranträgt, und "bescheinigt" dem Gesetzgeber "Wohlverhalten".

Nußbaum schreibt in der Sprache der Verwaltung. Das Reichsgericht ist in diesem Bild eine Oberbehörde. Sie beurteilt, was ihr von unten zugetragen wird. Für Anregungen ist sie dankbar. Dem Parlament als einer nachgeordneten Behörde stellt sie wohlwollend Zeugnisse aus. Sie ist aber durchaus bereit, den Vorschlägen des Parlaments, den Gesetzen, zu folgen, soweit diese den eigenen Vorstellungen im großen und ganzen entsprechen.

Dieses ironische Bild zeigt, daß 1929 das Problem des Richterleitbildes sachlich distanziert diskutiert werden kann. Die Gesetzgebung stellt bei Nußbaum keine Macht des Bösen, der Richter nicht den alleinigen Verteidiger der Gerechtigkeit dar. Auch die Gesetzgebung ist nach Nußbaums Auffassung durchaus um sachgerechte Lösungen bemüht. Damit ist die Autorität des Gesetzes für den Richter eine gute Autorität. Die Vernunft fordert, daß er dieser Autorität gehorcht.

5.4.1.2. Smoschewer

Im Gegensatz zu Nußbaum war Smoschewer selbst Richter. Ihn als Praktiker bedrückte die Rechtsprechung des Reichsgerichts in gleicher Weise wie den Theoretiker Nußbaum. Smoschewer befaßte sich bereits Anfang 1924 in einem Aufsatz mit den praktischen Konsequenzen des Aufwertungsurteils des Reichsgerichts.[218)]

Er hatte klar erkannt, daß dieses Urteil auf dem Gedanken beruhte, daß der Richter ungerechten Gesetzen den Gehorsam verweigern durfte.[219)] Ob dies rechtens ist, entschied er damals nicht. Zu diesem Problem nahm er 1925 Stellung:

> "Gewiß, die Gesetze von Vernunft und Gerechtigkeit sind heilig und ewig, insofern ihre krasse und dauernde Verletzung mit Vernichtung und Zusammenbruch endet. Aber eine völlige Erfüllung ihrer Forderungen ist keinem Falle möglich. Vollkommenheit kennt diese unvollkommene Welt nicht, und besonders in Gemeinschafts-, Staats- und Rechtsleben stoßen die ethischen Forderungen immer wieder auf den unüberwindlichen Widerstand der Dinge. Hinzu kommt, daß die Anschauungen über das, was vernünftig und gerecht ist, gewaltig auseinandergehen.
> ...
> Ungerechten Gesetzen einfach deshalb, weil sie ungerecht sind, ihre Kraft abzusprechen, würde den Tod jeder Gesetzgebung bedeuten. Unabhängigkeit des Richters vom Gesetz ist weiterhin unvereinbar mit der staatsrechtlichen Stellung des Richters. Mit der reinen, unverfälschten Idee des monarchistischen Staates ist die Unabhängigkeit der Gerichte (nämlich von der Verwaltung) ohnedies nicht verträglich, und es hat lange Kämpfe gekostet, bis sie gesetzlich festgelegt wurde. Damit ist aber auch das Höchstmaß von Richterhoheit bezeichnet, das sich im monarchistischen Staat überhaupt denken läßt. Die Gerichte sogar von den Gesetzen selbst unabhängig zu machen, ... wäre mit der Idee der Monarchie schlechthin unvereinbar. ...
>
> Dem Volk ist (in der Demokratie), ähnlich wie früher der Monarch, als Träger, zum mindesten als Ausstrahler der Staatsgewalt gedacht. Eine Personengemeinschaft kann aber handelnd nur tätig werden durch Organe, die den Gemeinschaftswillen in die Wirklichkeit umzusetzen berufen sind." (220)

Smoschewers Stil unterscheidet sich grundlegend von dem Nußbaums. Sachverhalte, die ihm wichtig sind, beschreibt er mit zwei Begriffen, auch wenn einer genügt hätte: "Vernunft und Gerechtigkeit", "heilig und ewig". Adjektive und Substantive prägen die Sätze, die Verben bleiben ausdrucksschwach. Smoschewers Zeilen wirken gefühlsbeladen. Ihm geht es, wie dieser Stil zeigt, nicht um die wissenschaftlich-distanzierte Darstellung eines juristischen Problems; er fühlt sich von dem Thema des Aufsatzes selbst betroffen, nachdem er mit sich selbst ein Jahr lang gerungen hat. Er ist unsicher, ob der von ihm vertretene Gesetzespositivismus noch vertretbar ist.

Wie auch Nußbaum beschäftigt sich Smoschewer nicht mit dem Problem, ob die Währungsgesetze gerecht sind oder ob sie gegen höheres Recht verstoßen. Er stellt die Frage nach den Konsequenzen, zu denen die Aufkündigung des Gesetzesgehorsams durch den Richter führt. Damit greift er auf die Frage zurück, die schon Ihering und Bergbohm bewegt hatte. Smoschewer beantwortet sie mit zwei Thesen:

1. Die Forderungen der Gerechtigkeit lassen sich auf Erden nicht erfüllen.
2. Ohne Bindung des Richters an das Gesetz droht das Chaos.

Die erste These hatte bereits Puchta vertreten, indem er darauf verwies, daß es eine letzte Autorität für die Verbindlichkeit des Rechts nicht gebe.[221)]
Die zweite These entspricht der gängigen Begründung für den Gesetzespositivismus am Ende des 19. und am Anfang des 20. Jahrhunderts. Sie findet sich bei Radbruch, Ihering und Bergbohm.[222)]
Umfangreicher als diese traditionelle rechtsphilosophische Begründung ist eine andere Beweisführung Smoschewers für die Notwendigkeit des richterlichen Gesetzesgehorsams.
Dabei legt er die Staatslehre zugrunde. Er geht von der "reinen und unverfälschten Idee des monarchistischen Staates" aus. Aus dieser Idee folgt nach Smoschewers Auffassung, daß der Monarch Träger der Staatsgewalt sei. Daher hänge es allein von ihm ab, was Recht sei. Diese Vorstellung entspricht dem absolutistischen Staatsideal, nach dem die Rechtssetzungsbefugnis Bestandteil der Souveränität der Fürsten ist. Smoschewer schildert das Problem des frühen Liberalismus, dem Gesetz durch die Unabhängigkeit des Richters auch gegenüber dem Monarchen Geltung zu verschaffen.[223)] Entsprechend seinem absolutistisch geprägten Ideal sieht Smoschewer in der durch den Liberalismus erreichten Stellung des Richters eine Einschränkung der Staatsgewalt, die nicht mehr mit dem monarchi-

stischen Prinzip vereinbar ist. Smoschewer akzeptiert diese Einschränkung als einen notwendigen Kompromiß. Von diesem Denkmodell der Monarchie ausgehend, beurteilt Smoschewer die Stellung des Richters im demokratischen Staat. Dem demokratischen Prinzip vermag er nur mit blassen und wenig präzisen Worten Ausdruck zu verleihen. Das Volk ist nicht notwendigerweise Träger, sondern vielleicht nur "Ausstrahler" der Staatsgewalt. Ähnlich unbestimmt beschreibt der Verfasser die demokratische Republik als eine "Personengemeinschaft". Dieser Begriff entspricht dem Vereinsrecht des BGB und dem Staatsrecht in der Prägung der Lehre Gierkes. Obwohl Smoschewer in seinem Aufsatz an anderer Stelle auch Art. 1 Abs. 2 der Reichsverfassung zitiert, bleibt die Definition der Demokratie ungenau. Erst im Vergleich mit der Monarchie läßt sich für ihn die Stellung des Richters in der Demokratie begreifen. Dem Monarchen in der Monarchie steht das Volk in der Demokratie bis zu einem gewissen Grad gleich. Wenn also die Monarchie die Bindung des Richters an das Gesetz erfordere, meint Smoschewer, könne für die Demokratie nichts anderes gelten.

Es fragt sich, warum Smoschewer so verschlungen argumentiert. Wenn er so ausführlich die Staatsform der Monarchie darstellt, hat das nicht nur einen pädagogischen Sinn. Wie schon seine Wortwahl zeigt - die Demokratie als Idealverein des bürgerlichen Rechts, die Monarchie als reine unverfälschte Idee -, achtet Smoschewer die Monarchie in hohem Maße, während er zur Demokratie kein Verhältnis hat. Für ihn wird die Bindung des Richters an das Gesetz nur dadurch legitimiert, daß es sie auch in der Monarchie gibt. Was in dieser, von ihm so geschätzten Staatsform unumgänglich ist, muß auch in der Demokratie erhalten bleiben.

Smoschewers Eintreten für den Gehorsam des Richters gegenüber dem Gesetz beruht somit - wenn auch gebrochen durch die politischen Folgen des Krieges - auf dem Gedankengut des Konstitutionalismus und des Gesetzespositivismus des 19. Jahrhunderts.

Dieses Festhalten ist für ihn keine Selbstverständlichkeit mehr. Smoschewer kann nur mit Mühe seine Zweifel an der Bindung des Richters an das Gesetz überwinden.

5.4.1.3. Philipp Heck

Vor dem Krieg hatte Heck, wie dargestellt, die strenge Bindung des Richters an das Gesetz gegen die Freirechtsschule verteidigt. Es fragt sich, wie er sich angesichts der Krise des Gesetzesrechts verhielt.
Auch Heck zweifelte nicht daran, daß das Reichsgericht in seinem Urteil mit der Autorität des Gesetzes gebrochen hatte.[224] Aber er hielt es für eine Überlegung wert, ob dies nicht doch zu rechtfertigen war:

> "Die zeitliche Anpassung überalteter Gesetze kann auch durch Richternorm erfolgen, dadurch daß der Richter das Gesetz auf die veränderte Interessenlage nicht mehr anwendet, obgleich die im Gesetze bezeichneten Voraussetzungen noch vorliegen und keine automatische Aufhebung eingetreten ist. Diese Befugnis des Richters zur Gesetzesänderung ist sehr bestritten. ...
> Ich bin früher nachdrücklich dafür eingetreten, daß der Richter dieses Recht hat und haben muß. Ich halte an dieser Überzeugung fest. Aber dieses Recht unterliegt einer doppelten Beschränkung, die eingehalten werden muß. Die Beschränkung ist einmal gegeben durch das Erfordernis der Rechtssicherheit und zweitens durch die Rücksicht auf die Autonomie der Rechtsgemeinschaft. Beide Beschränkungen mußten nach meiner Überzeugung bei der Frage der Aufwertung hindernd eingreifen."(225)

Heck stellt die These an den Anfang, daß die Anpassung eines Gesetzes durch den Richter möglich ist. Er bezeichnet sogar das dadurch entstehende Recht als Richternorm. Es fragt sich, ob Heck damit angesichts der verheerenden Folgen des Nennwertzwangskurses eine Änderung seiner Lehre ankündigt oder ob er, wie er selbst behauptet, an ihr festhält.
Vor dem Krieg sah Heck das Gesetz als Abgrenzung gegensätzlicher Interessen an. Diese Regelung durfte der Richter nur dort

abändern, wo dies dem Gedanken der Autonomie der Rechtsgemeinschaft entsprach.[226] In der Frage der Aufwertung geht Heck davon aus, daß die Währungsgesetzgebung nicht mehr der Interessenlage entspricht, in der sie geschaffen worden ist. Sie regelt nicht mehr den Ausgleich der Interessen zwischen Schuldner und Gläubiger in der Weise, wie man es sich 1914 vorgestellt habe. Heck sieht also das Gesetz, wie es seiner Lehre entspricht, als Regelung gegensätzlicher Interessen an. Daraus, daß diese Interessen sich verändert haben, zieht er den Schluß, daß das Gesetz der Anpassung bedarf. Die Befugnis des Richters, diese vorzunehmen, bindet er an zwei Vorbehalte: an die Beachtung der Rechtssicherheit und an die Berücksichtigung der Autonomie der Rechtsgemeinschaft.
Der erste Vorbehalt ist ein besonderes Merkmal der Lehre Hecks. Das Problem der Rechtssicherheit sieht er darin, "daß für die bestimmt erkannte Interessenlage der objektive Maßstab fehlt, nur eine Willkürentscheidung möglich ist und deshalb das Ergebnis bei verschiedenen Richtern verschieden sein muß."[227]
Heck bemängelt also, daß es keinen Maßstab gibt, nach dem der Richter urteilen kann, wenn er sich nicht an das Gesetz hält. Dafür fehlt es an allgemein anerkannten Rechtsgrundsätzen. Die Rechtssicherheit als Begründung für den Gesetzesgehorsam des Richters hatte vor allem Radbruch hervorgehoben.[228] Wenn es, wie Heck und Radbruch meinen, kein allgemein anerkanntes Wertsystem für das Recht gibt, ist jede Definition des Inhalts des Rechts Ausdruck der Freiheit des Menschen. Wenn Heck hier diese Freiheit für Willkür hält, spricht er damit dem Menschen nicht etwa, wie Savigny, die Befugnis zur Rechtsbildung ab. Willkür ist für ihn diese Freiheit nur, wenn der Richter sie nutzt, denn ihm steht sie nicht zu.
Der zweite Vorbehalt, den Heck gegenüber dem Richterrecht macht, wird von ihm in den folgenden Zeilen erläutert:

> Der Richter "darf von einem Gesetze nur abweichen, wenn es unzweifelhaft ist, daß die gesetzgebenden Faktoren das Gesetz für diesen Fall geändert hätten, wenn sie vor die Entscheidung gestellt wären. Es sind gewissermaßen nur vergessene oder übersehene Gesetzesteile, die der Richter im Sinne der Gesetzgebung wegräumen darf. Bei der Aufwertung lag eine andere Sachlage vor. Das Problem war nicht vergessen, sondern ein aktueller und viel umstrittener Gegenstand legislativer Überlegung, noch ringender Interessen." (229)

Heck referiert seine Lehre zur Gesetzesänderung durch den Richter. Er verweist auf seine Abhandlung "Gesetzesauslegung und Interessenjurisprudenz".[230] Er zitiert seine darin aufgestellten Grundsätze, ohne sie im geringsten zu modifizieren. Da der Richter die Autonomie der Rechtsgemeinschaft nicht antasten dürfe, sei es ihm nur erlaubt, im Sinne der gesetzgebenden Organe ein Gesetz zu korrigieren. Dies sei dort der Fall, wo ein Sachverhalt unter ein Gesetz subsumiert werden könne, an den der Gesetzgeber nicht gedacht habe. Der Grundsatz der Autonomie der Rechtsgemeinschaft setzt der Rechtsbildung durch den Richter somit enge Grenzen. Heck wendet diese Lehre zur Gesetzesänderung durch den Richter auf die Währungsgesetzgebung an. Es sei zweifelhaft, was der Gesetzgeber gemacht hätte, wenn er den völligen Geldwertverfall vor Augen gehabt hätte. An dieser Stelle benutzt Heck eine Formulierung, die den Gegenschluß zuläßt: Der Richter dürfe nur vom Gesetz abweichen, wenn der Gesetzgeber es unzweifelhaft auch getan hätte. Der Richter darf also nach dieser Wendung dann nicht vom Gesetz abweichen, wenn der Gesetzgeber es vielleicht bei der bisherigen Regelung belassen hätte. Heck hält also an dieser Stelle an der Autorität des Gesetzes für den Richter fest. Er mußte zu dem Ergebnis kommen, daß der Nennwertzwangskurs Gültigkeit behielt. Diese Konsequenz aus seiner Lehre sieht Heck aber nicht:

> "Die Bedenken, welche die positive Zubilligung des Aufwertungsrechts treffen, schließen nicht aus, daß die eingetretene Änderung der Interessenlage

> in anderer Form berücksichtigt wurde. Insbesondere würde m.E. eine richterliche Löschungssperre, eine Aufschiebung des Anspruchs auf Löschung bis zur bevorstehenden gesetzlichen Regelung zulässig gewesen sein." (231)

Heck schlägt statt der Anwendung der Währungsgesetze eine Löschungssperre für Hypotheken vor. Damit bricht er mit seiner eigenen Lehre. Gerade weil unklar war, wie der Gesetzgeber entscheiden würde, hätte am Nennwertzwangskurs festgehalten werden müssen. Heck folgt somit nicht mehr der Autorität des Gesetzes für den Richter. Dies zeigt, in welch einer ausweglosen Lage Heck sich zu befinden glaubte. Die Gesetzesbindung des Richters ließ sich mit einer halbwegs annehmbaren Lösung der Aufwertungsfrage nicht mehr in Einklang bringen.
Der Vorschlag einer Löschungssperre mutet noch aus einem weiteren Grund als ein verzweifelter Ausweg an. Der Richter soll nach Hecks Auffassung keine endgültige Entscheidung mehr in dem Rechtsstreit der Parteien treffen; er soll sie bis zu einer gesetzlichen Neuregelung vertagen. Daß ein Richter den ihm vorgelegten Rechtsfall nicht entscheidet, weil die rechtliche Lage unklar ist, bedeutet Rechtsverweigerung. Heck opfert damit eine Errungenschaft, die fast so alt ist wie das Recht selbst. Schon die Germanenrechte verboten die Rechtsverweigerung durch den Richter bei schwerer Strafe.[232)] Es gehörte zu den wichtigsten Pflichten des Lehnsherrn, seinen Vasallen den Rechtsweg zu erhalten.[233)] Die Reichskammergerichtsordnung von 1555 verbot die Rechtsverweigerung in vielen ihrer Vorschriften des zweiten Teils.[234)] Im Deutschen Bund war die Rechtsverweigerung ein Tatbestand, der dem Bund das Recht zum Einschreiten gegen den Landesherrn gab.
Das Verbot der Rechtsverweigerung war so selbstverständlich, daß es unter den liberalen Forderungen des 19. Jahrhunderts keiner Erwähnung mehr bedurfte.
Heck vermochte Gesetzespositivismus und Vernunft angesichts des Währungsverfalls nicht mehr miteinander zu vereinbaren.

Er nahm dem Richter jede Autorität, solange sich der Gesetzgeber nicht des Problems der Aufwertung annahm. Sein Lösungsvorschlag war nur brauchbar, wenn die Rechtsgemeinschaft bald von ihrer Autonomie Gebrauch machte und das Aufwertungsproblem neu regelte. Wenn sie dies aber nicht tat, konnte Heck nur zu einer überpositivistischen Lösung der Aufwertungsfrage kommen. Für ihn bedeutete das Aufwertungsproblem somit eine unlösbare Frage, da er weder sein Richterleitbild opfern noch am Zwangskurs festhalten wollte. Hecks Richterleitbild, das den Richter zur Untätigkeit verurteilte, falls der Gesetzgeber schwieg, konnte im Ergebnis nur das Gegenteil dessen bewirken, was sein Ziel war. Da die Rechtsverweigerung keine Lösung darstellte, konnte Hecks Theorie nur zum Ausgangspunkt einer Theorie des Richterrechts werden.

5.4.1.4. Zusammenfassung

Das Aufwertungsproblem stürzt die Anhänger des Gesetzespositivismus in eine schwere Krise. Erst 1929 vermag Nußbaum aus dem Rückblick wieder ohne jeden Selbstzweifel an der Bindung des Richters an das Gesetz festzuhalten. Wie der Aufsatz von Smoschewer zeigt, gelingt es in der Krise nur mit Hilfe eines historischen Rückblicks, die Lehre vom Gesetzespositivismus zu erhalten. Heck weicht sogar insgesamt von der Autorität des Gesetzes für den Richter ab. Er sieht nur noch die Möglichkeit, durch Rechtsverweigerung das Problem der Hypothekenaufwertung zu lösen.

5.4.1.5. Das Meinungsbild

Diejenigen Anhänger des Gesetzespositivismus, die sich im übrigen in der Literatur zu Wort melden und an der Autorität des Gesetzes in der Diskussion um die Hypothekenaufwertung festhalten wollen, stellen die Minderheit dar.[235] Fast alle berufen sich auf die Ideen des Gesetzespositivismus des späten

19. Jahrhunderts. So finden sich häufig Hinweise auf die Gefahr eines Zusammenbruchs der Rechtsordnung, eines Chaos, falls nicht der Richter an das Gesetz gebunden bleibt.[236] Man schreckt nur wegen der unabsehbaren Folgen vor dem Bruch mit dem Gesetz zurück. Niemand aber erklärt das Gesetz noch als eine gute und gerechte Autorität für den Richter.

5.4.2. Die Abkehr vom Gesetzespositivismus
Auf der Suche nach einer neuen Autorität des Richters

5.4.2.1. James Goldschmidt

Goldschmidt bemühte sich darum, dem Probelm der Hypothekenaufwertung durch den Richter auf den Grund zu gehen. Ihm war klar, daß es dabei um das Verhältnis von Gesetz und Recht ging:

> "Daß in der Demokratie die Gefahr eines Absolutismus der Mehrheit besteht, ist allgemein bekannt. ... Offensichtlich hat die moderne Staatsrechtslehre in Gestalt der Formen des Rechtsstaats zunächst nur die Mittel eines Schutzes des Rechts gegen den monarchischen Absolutismus entwickelt, indem sie das Recht gegen Eingriffe der Verwaltung sicherzustellen sucht. Um das Recht im 'Volksstaat' gegen den Absolutismus der Mehrheit zu schützen, bedarf es seiner Sicherstellung gegen die Verfehlungen der gesetzgebenden Organe.
>
> Das klingt zunächst völlig paradox. Gesetz und Recht scheinen identisch. ...
> Aber dieser Gedanke der Souveränität des Staates über das Recht hat sich erst allmählich entwikkelt. Ursprünglich gelten die Rechtsgedanken als vom Willen des Herrschenden unabhängig. Die Weisheit der großen Gesetzgeber und Richter alter Zeiten äußert sich nicht in einer Erzeugung, sondern in einer Bezeugung dieser Rechtsgedanken. Aufgabe der Herrschenden ist es nur, das bezeugte Recht zu verwirklichen. So ist es nach altgermanischer Auffassung nicht Sache des Königs, das Recht zu schaffen, sondern das überlieferte, an sich gültige Recht zu bewahren, 'das Recht zu stärken, das Unrecht zu kränken'. Und im germanischen Gerichtsverfahren wird das Recht von erfahrenen Volksgenossen aus der Überlieferung und

> gemeinsamen Überzeugungen 'gefunden'. ...
> Mit der Erstarkung des Staates tritt dann neben diese ursprüngliche Form der Rechtsbildung die bewußte Rechtsetzung durch den im Staate herrschenden Willen. Und in der neueren Zeit hat das staatlich gesetzte Recht, das Gesetzesrecht, dergestalt Übergewicht erlangt, daß die Einführungsgesetze zu unseren Reichsjustizgesetzen und zum BGB sagen können, Gesetz in ihrem Sinne sei jede Rechtsnorm, womit, unter Umkehrung des ursprünglichen Verhältnisses, dem ungesetzten Recht nur in seiner Eigenschaft als Außenseiter des Gesetzes Rechtsgeltung eingeräumt wird." (237)

Leitbegriff des ersten Absatzes ist "Absolutismus der Mehrheit". In der Geschichte bezeichnet man mit Absolutismus die Epoche zwischen dem Westfälischen Frieden 1648 und der Einführung von Verfassungen im 19. Jahrhundert. In dieser Zeit gewann der Staat die Souveränität. Sie war in der Person des Monarchen verkörpert. Von ihm ging somit alle Staatsgewalt aus. Seine Herrschaft war, wie man aus den Digesten zitierte,[238)] "legibus solutus".[239)] Als absoluter Herrscher auf Erden war er sich selbst die höchste Autorität. Für die Liberalen des 19. Jahrhunderts war diese Idee der Machtvollkommenheit eines einzelnen Menschen gleichbedeutend mit Tyrannei.

Diese Vorstellung macht sich Goldschmidt zunutze. Er löst den Begriff des Absolutismus aus dem historischen Zusammenhang. Er überträgt diesen Begriff auf jede Staatsform, in der die Souveränität ungeteilt ist. Da in der Demokratie die Souveränität allein beim Volk liegt, ist für Goldschmidt auch die Weimarer Republik absolutistisch. Auch sie kann in eine Tyrannei ausarten. Ein Zeichen dafür stellt nach Goldschmidts Meinung die Beibehaltung des Nennwertzwangskurses in der Inflation dar.
Es fragt sich, wie Goldschmidt für Abhilfe sorgen will. Nach seiner Meinung scheinen Gesetz und Recht nur identisch, ohne es in Wirklichkeit zu sein. Die Identität von Gesetz und Recht war eine Folge der Souveränität des modernen Staates.[240)] Da dieser in der Form von Gesetzen Recht schaffen konnte, waren Recht und Gesetz dasselbe. Goldschmidt knüpft an eine ältere

Rechtstradition an. Er hält das Recht nicht für erzeugt, sondern für "bezeugt" und "gefunden". Der König ist für ihn nicht Gesetzgeber, sondern oberster Richter. Goldschmidt bezeichnet diese Rechtsidee als altgermanisch. Nachzuweisen ist dieser Rechtsbegriff, nach dem das Recht eine dem Menschen vorgegebene, den Dingen innewohnende Kraft war, für das Mittelalter.[241)] Problematisch ist, wie dieses Recht sich zu dem neuzeitlichen Gesetzesrecht verhalten soll. Goldschmidt meint, das gesetzte Recht solle neben das ursprüngliche Recht treten. Wie dies geschehen soll, erläutert er an anderer Stelle seines Aufsatzes:

> "Aber der Kampf für die Freiheit des Richters gegenüber dem 'Gesetzesabsolutismus' - den man 'Nomomachie' nennen kann - hat durch die Umwälzung unserer Staatsverfassung das erhalten, was ihm vielleicht erst die Legitimation, jedenfalls erst die Stoßkraft verleiht, die politische Resonanz. Unleugbar enthalten die neuen deutschen freistaatlichen Verfassungen insofern einen Schritt zurück zum Absolutismus, als sie nicht nur die Schranke zwischen gesetzgebender und vollziehender, richtiger verwaltender Gewalt wieder eingerissen, sondern auch jede Teilung der gesetzgebenden Gewalt beseitigt haben." (242)

Goldschmidts Ausführungen liegt der Verfassungswandel des Jahres 1919 zugrunde. Das Kaiserreich war eine konstitutionelle Monarchie gewesen. Die Souveränität teilten sich die Monarchen mit dem Volk; die Gesetzgebung war nur im Zusammenspiel von Reichstag als Volksvertretung und Bundesrat als Vertretung der Fürsten möglich gewesen.[243)] Dagegen liegt in der Weimarer Republik die Gesetzgebung allein in den Händen des Volkes. Nach Goldschmidts Auffassung hat sich dadurch, wie die Beibehaltung des Zwangskurses gezeigt hat, der Absolutismus eingestellt. Schutz vor dieser Allmacht des Volkes soll der Richter bieten. Für Goldschmidt ersetzt er die entthronten deutschen Fürsten. Er meint, mit Hilfe des Rechts sei der Richter in der Lage, diese Aufgabe zu erfüllen. Unklar bleibt, wie dies nach seiner Meinung geschehen soll. Mit dem germanischen Rechtsbegriff läßt sich in einer sich schnell wandelnden Ge-

sellschaft nicht viel anfangen, dazu ist dieser Rechtsbegriff zu statisch. Er ist notwendig verschwommen. Den Inhalt des ursprünglichen Rechts vermag der Richter nirgends zu ersehen. Dieses Recht ist somit allein das Recht, welches der Richter als solches erkennt. Für Goldschmidt ist es allerdings keine Frage, daß die Zwangskursbestimmungen diesem ursprünglichen Recht widersprachen.
Nach Goldschmidts Auffassung ist der Richter nicht mehr an die Autorität des Gesetzes gebunden. An die Stelle des Gesetzes tritt ein ursprüngliches ewiges Recht, das dem germanischen Rechtsbegriff entspricht. Jedoch lassen sich die Grundsätze dieses Rechts nirgends ablesen. In der Konsequenz führt Goldschmidts Richterleitbild somit dazu, daß der Richter selbst seine eigene Autorität darstellt.

5.4.2.2. Oskar Mügel

Mügel, ehemals Staatssekretär, beschäftigte sich eindringlich mit dem Problem der Hypothekenaufwertung. Seine Schrift "Geldentwertung und Gesetzgebung" erschien, bevor das Reichsgericht die Aufwertung anerkannte. Man sollte meinen, daß Mügel als ehemaliger Beamter den Gehorsam des Richters gegenüber Parlament und Regierung verteidigen würde. Doch das Gegenteil war der Fall. Mügel stellte die Frage, ob die damalige gerichtliche Praxis, die die Aufwertung ablehnte, richtig war:

> "Unsere Gerichte haben sich bisher durch die bestehenden gesetzlichen Bestimmungen behindert gefühlt, in ähnlichem Sinne (also für die Aufwertung) zu entscheiden. Sollen diese gesetzlichen Bestimmungen unverändert bleiben oder rechnet man darauf, daß unsere Gerichte sich über das Gesetz hinwegsetzen werden, um dem materiellen Rechte zum Siege zu verhelfen? Ebenso unbillig wie die Tilgung von Hypothekenschulden zu ihrem Nennbetrag in Papiermark wirkt die Zahlung in Papiermark in allen den Fällen, in denen der Schuldner ... zur Abtragung der Schuld einen viel geringeren Teil seines Einkommens oder Vermögens aufzuwenden hat, als seinerzeit

das empfangene Geld für ihn im Verhältnis zu seinem Einkommen oder Vermögen ausmachte." (244)

Zwei Begriffe, die antithetisch einander gegenübergesetzt sind, beherrschen diesen Text: Gesetz und materielles Recht. Den Begriff des Gesetzes verwendet Mügel im Zusammenhang mit Attributen wie "behindert" und "unbillig". Das Gesetz ist ein Hindernis, über das man sich hinwegsetzen kann. Gegen das Gesetz gilt es, dem materiellen Recht "zum Siege zu verhelfen". Die Gegenüberstellung zeigt die Diskrepanz, die Mügel zwischen Gesetz und Recht sieht. Das Gesetz ist unbillig, es ist ungerecht.

Dem Gegensatz von Recht und Gesetz entspricht bei Mügel derjenige zwischen Gerichten und Gesetzgeber. Die Gerichte bezeichnet Mügel als "unsere Gerichte". Sie stellen für ihn eine vertraute und bekannte Einrichtung dar. Die Gerichte haben etwas Anheimelndes, bei ihnen fühlt man sich geborgen. Das Recht liegt bei den Gerichten in guten Händen; die Gerichte sind Stätten gerechter Entscheidungen. Ganz anders verhält es sich mit dem Gesetzgeber. Mügel benennt ihn mit dem unpersönlichen Pronomen "man". Der Gesetzgeber ist für ihn eine anonyme Macht, ein unbekanntes und unberechenbares Wesen. Mügels Gegenüberstellung von Gesetz und Recht erinnert an Savigny. Wie bei diesem ist das Gesetz für Mügel etwas dem Leben Fremdes, das der Entwicklung nicht entspricht.[245)] Der Richter dagegen ist in der Lage, das richtige Recht zu finden. In einem weiteren Abschnitt geht Mügel näher darauf ein, wie dieses richtige Recht beschaffen sein soll:

> "Wer ... zur Bestreitung seines Lebensunterhalts auf die Zinsen eines Kapitals oder einer Rente angewiesen ist, ist, auch wenn er früher als reich galt, in bittere Not geraten oder hat jedenfalls seine Lebenshaltung ganz wesentlich beschränken müssen. Dies wird namentlich dann schwer empfunden, wenn es sich um den Verlust der Ersparnisse eines arbeitsreichen Lebens handelt... . Für das Volk im ganzen ist dies Schicksal zahlreicher Mitglieder des Mittelstandes desto empfindlicher,

> weil es sich hierbei um eine für die Allgemeinheit sehr wertvolle Bevölkerungsschicht handelt, während viele, die durch Spekulation in der Zeit der Geldentwertung reich geworden sind, nicht zur Hebung der Bildung und guter Sitten beitragen. Die Nachteile, wie sie vorstehend geschildert sind, sind bereits eingetreten. Sie sind Folgen der Geldentwertung, aber die eigentlich wirkende Ursache ist nicht diese, sondern die Säumnis der Gesetzgebung, die die bis auf weiteres verfügte Gleichstellung der Papiermark mit der Goldmark bis jetzt hat fortbestehen lassen." (246)

Mügel zeichnet in diesem Zitat sein Sozialideal. Er trennt die Welt in gute und schlechte Menschen. Gute Menschen sind diejenigen, die ihren Reichtum früher in einem arbeitsreichen Leben angesammelt haben. Sie stellen nach Mügels Auffassung eine wertvolle Bevölkerungsschicht dar. Diese Behauptung setzt Mügel in einen Kauselsatz, ohne sie weiter zu begründen. Für ihn handelt es sich um eine Selbstverständlichkeit.
Diesen guten Menschen stehen die schlechten Menschen gegenüber, die durch Spekulation reich geworden sind. Diese Menschen hält Mügel für kulturlos. Sie seien ohne Bildung und hätten schlechte Sitten. Aus dieser Gegenüberstellung folgt, daß Mügel eine Wirtschaftsordnung für gerecht hält, in der die kulturellen Werte des Mittelstandes auch eine entsprechende wirtschaftliche Belohnung erhalten. Die soziale Schichtung des Kaiserreichs soll erhalten bleiben. Daher tritt er auch dafür ein, daß Forderungen im Verhältnis zum Einkommen oder Vermögen des Schuldners aufgewertet werden. Auf diese Weise würde die durch den Krieg bewirkte Verarmung alle Schichten in gleicher Weise treffen. Die sozialen Schichtungen blieben so erhalten, wie sie zur Zeit des Kaiserreichs waren. Die Inflation ist für Mügel ein unglücklicher Zufall. Ihm soll für die allgemeine Vermögensverteilung keine Wirkung zukommen. Es fragt sich, welche Bedeutung dieses Sozialideal nach Mügels Auffassung für die Rechtsordnung haben soll. Die Trennung, die er zwischen Gesetz und Recht zieht, legt die Vermutung nahe, daß Mügel seine Vorstellung von Gerechtigkeit für geltendes Recht hält.

Andererseits spricht er aber von einer Säumnis des Gesetzgebers. Mügel hegt die Hoffnung, daß der Gesetzgeber eine Regelung der Aufwertung schaffen wird. Daher entscheidet er sich noch nicht offen gegen das Gesetz. Er erkennt einen Vorrang des Gesetzes zur Lösung der Aufwertungsfrage an. Dies bedeutet jedoch nicht, daß seiner Meinung nach der Richter immer an das Gesetz gebunden ist. Bleibt der Gesetzgeber weiterhin säumig, muß sich das Recht gegen das Gesetz durchsetzen. Daran lassen Mügels Gegenüberstellung von Gesetz und Recht und seine Schilderung des idealen sozialen Zustandes keinen Zweifel. Nur solange das Gesetz dem sozialen Ideal und damit dem Recht im großen und ganzen entspricht, muß sich der Richter an das Gesetz halten. Damit stellt das Gesetz bei Mügel nur eine abgeleitete Autorität für den Richter dar. Die Geltung des Gesetzes ist abhängig von der Übereinstimmung mit dem Recht. Dieses ist gleichbedeutend mit dem traditionellen Sozialmodell. Damit ist für Mügel das Recht, das die Erhaltung des status quo ante sichert, die Autorität für den Richter.

5.4.2.3. Ernst Sontag

Sontag war Kammergerichtsrat. Er gehörte zu den vehementesten Streitern für die Aufwertung. Er hat viele Beiträge zu diesem Thema verfaßt.[247] In ihnen focht er für seine Ansicht, daß dem Gläubiger nach geltendem Recht ein Anspruch auf Aufwertung zusteht. Er begründete dies u.a. in einem Aufsatz, der Anfang November 1923, also noch vor der Entscheidung des Reichsgerichts für die Aufwertung, veröffentlicht wurde. Sontag setzt sich darin mit den Ausführungen Paul Krückmanns in einer Tageszeitung auseinander. Krückmann hatte die Möglichkeit einer Aufwertung durch Richterspruch verneint. Dagegen wandte sich Sontag:

> "Im Völker- und Staatsrecht sind wir durchaus gewohnt anzuerkennen, daß Tatsachen und Machtverhältnisse die Rechtsordnung ändern, auch wenn für solche Änderungen ein anderer legaler Weg vorge-

> schrieben ist. Die deutsche Reichsverfassung von 1871 sieht in Art. 78 vor, in welcher Weise sie abgeändert werden könne. Die einschneidendste Änderung, nämlich ihre Abschaffung, hat sich 1918/1919 nicht nach Art. 78 vollzogen, trotzdem wird niemand so doktrinär sein, zu behaupten, die alte Reichsverfassung gelte noch fort, weil sie nicht vorschriftsmäßig aufgehoben sei. Im bürgerlichen Recht kennen wir in ruhigen Zeiten solche Einflüsse auf die Gesetzgebung nicht mehr, und deshalb glaubt Krückmann sie schlechthin leugnen zu können. Aber in revolutionären Zeiten und bei einem Versagen der Gesetzgebung, wie sie in dieser Währungsfrage versagt hat, da setzt sich die Macht des Verkehrs oder ein Gewohnheitsrecht oder wie man es sonst nennen will, dahin durch, daß sie ein Gesetz außer Kraft setzt. Das mag mit allem in Widerspruch stehen, was die Lehrbrücher des BGB bisher vorgetragen haben, aber das Leben richtet sich nicht nach den Lehrbüchern, sondern diese haben sich nach dem Leben zu richten. Dann haben wir eben für moderne Rechtsverhältnisse etwas vollkommen Neues erlebt! Wenn die Rechtsprechung dieser Erkenntnis sich nicht verschließt, so wird sie damit nur den schwierigen Zeitläuften gerecht, in die sie gestellt ist, bringt aber noch lange nicht die ganze Rechtsordnung zum Wanken, wie Krückmann befürchtet. Ein so krasser Fall, wie der des gegenwärtigen Währungsunrechts ist nicht geeignet, als Präzedenzfall zu dienen." (248)

Sontag geht von dem Satz aus, das Recht könne sich verändern, ohne daß sich dieser Vorgang in den gesetzlich vorgeschriebenen Bahnen vollziehe. Mit dieser Vorstellung beschreibt Sontag den Tatbestand der Revolution, in welcher ein Souverän durch einen anderen ersetzt wird. Mit diesem Wandel ändert sich auch die Instanz, die letztinstanzlich über den Inhalt des Rechts entscheiden kann. Es entsteht auf diese Weise eine neue Rechtsordnung, die an die Stelle der alten tritt. Allein die neue Rechtsordnung ist für die Staatsangehörigen künftig bindend, nachdem die Revolution erfolgreich beendet ist.
Es fragt sich, warum die Aufwertungsfrage auf diesem Hintergrund beschrieben wird. Sontag behauptet, es finde eine Revolution im Recht statt. Entgegen dem Rechtsbegriff der Neuzeit, nach dem der Staat das Recht definiert, hält er also eine

Entwicklung des Rechts unabhängig vom Staat für denkbar. Diese Trennung von Recht und Staat stellt, wie Sontag selbst zugibt, "etwas vollkommen Neues für moderne Rechtsverhältnisse" dar.

Indem Sontag behauptet, seine Auffassung sei nur für "moderne" Verhältnisse völlig neu, behauptet er, daß seine Vorstellungen älteren Rechtsideen entsprechen. Doch seine Idee hat nichts mit mittelalterlichen Rechtsvorstellung zu tun, denn das mittelalterliche Recht existierte, es konnte sich nicht verändern, wie es aber nach Sontags Ausführungen bei den Währungsgesetzen der Fall ist.

Sontags Zeilen beruhen also auf einem Rechtsbegriff, der für die deutsche Rechtskultur fremd ist. Seine Begründung findet dieser Rechtsbegriff darin, daß nach Sontags Auffassung der Gesetzgeber versagte. Dieses Versagen setzt voraus, daß es Werte gibt, an denen die Tätigkeit des Gesetzgebers und die Gesetze zu messen sind. Diese Werte setzen nach Sontags Meinung ein Gesetz, das ihnen nicht entspricht, außer Kraft. Sie stellen gültiges Recht dar. Sontag bezeichnet dieses Recht als "Macht des Verkehrs oder ein Gewohnheitsrecht oder wie man es sonst nennen will." Er spricht von "einem", nicht von "dem" Gewohnheitsrecht. Dieses Recht soll außerdem der Macht des Verkehrs gleichstehen. Sontag verzichtet also darauf, das Recht zu definieren. Er überläßt dies seinem Leser. Das neue Recht, welches das Gesetz ersetzen soll, bleibt unbestimmt. Deutlich ist nur, daß "es" den Anspruch auf Aufwertung enthält.

Sontag spürt allerdings selbst ein Unbehagen über den von ihm geschaffenen Rechtsbegriff. Er will ihn nicht verallgemeinert wissen. Der Warnung Krückmanns, man schaffe einen Präzedenzfall, wenn man dem Richter erlaube, die Währungsgesetze außer Kraft zu setzen, tritt er entgegen, indem er auf die Einzigartigkeit dieses Rechtsproblems verweist. Daran zeigt sich, daß Sontag nicht an einer neuen Definition des Rechts gelegen ist. Ihm geht es lediglich darum, die Aufwertung auch ohne Gesetzesänderung durchzusetzen.

Die Autorität für den Richter ist bei Sontag nicht mehr erkennbar. Zwar hält er den Richter für nicht mehr an das Gesetz gebunden. Doch an die Stelle des Gesetzes tritt ein undefiniertes Recht. Sontag verweist damit den Richter auf sein eigenes Rechtsgefühl.

5.4.2.4. Paul Oertmann

Für Oertmann bestand kein Zweifel, daß das Bankgesetz den Nennwertzwangskurs anordnete.[249)] Sein Urteil über jene Juristen, die über diese gesetzliche Regelung hinweggingen, war eindeutig:

> "Ein gesetzestreuer Jurist kann das nicht mitmachen, selbst auf die Gefahr hin, als verständnisloser Reaktionär gescholten zu werden, und selbst wenn er, wie der Schreiber dieser Zeilen, als Rechtspolitiker die ganze Papiergeldwirtschaft mit Zwangskurs aufs äußerste verdammt."(250)

Oertmann differenziert unmißverständlich zwischen Gesetz und Rechtspolitik. Ihm kommt es nach diesem Zitat für die Gültigkeit eines Gesetzes nicht auf dessen Güte an. Daran vermag selbst die schlimmste Kritik an dem Inhalt der gesetzlichen Regelung nichts zu ändern. Obwohl Oertmann den Zwangskurs "aufs äußerste verdammt", bezeichnet er ihn als geltendes Recht. Es scheint so, als ob Oertmann Anhänger eines strengen Gesetzespositivismus, wie Bergbohm, Ihering und Radbruch ihn vertreten haben, geworden ist. Wie dargestellt, hatte Oertmann zum Problem der Vertragsveränderung noch eine ganz andere Auffassung vertreten.[251)] Ein zweites Zitat gibt Aufschluß darüber, ob er seine Auffassung tatsächlich geändert hat:

> "Ich für meine Person muß an dieser Stelle bekennen, daß noch niemals eine Rechtsfrage mich in meinem sittlichen Empfinden so erregt hat, wie diejenige der Hypothekenaufwertung. Fast täglich sind seit dem letzten Herbst Bekannte und Kollegen an mich herangetreten, um mir ihre oder ihrer

Anverwandten Not zu klagen und der Bitternis Ausdruck zu geben, daß man ihnen die Entgegennahme ihrer Guthaben zu einem Markbetrage zumute, mit dem man zuletzt noch nicht den Papierfetzen begleichen könnte, auf dem sie die angesonnenen Löschungsbewilligungen niederschreiben sollten. Ein großer Teil des deutschen Volkes, und nicht die Schlechtesten und Schutzunbedürftigsten - Witwen, Waisen, Beamte und andere an Aktienbesitz und spekulativen Gewinn nicht gewöhnte Personen - sind fast über Nacht zu Bettlern geworden oder müssen es doch werden, wenn das Phantom der Ersetzbarkeit von Gold durch den gleichen Betrag in Papiermark nicht baldigst beschworen wird. Wenn Leute, die selbst dick in der Wolle sitzen, wie reich gewordene Landwirte, industrielle Großunternehmer und spekulative Aufkäufer von ganzen Gebäudekomplexen, ihnen als 'Zahlung' ein paar Papierlappen hinwerfen, mit oder ohne einen lumpigen 'großmütigen' Prozentzuschlag, so empört das mein elementarstes Rechtsempfinden. ...

Daß hier auf weniger anstößige Weise (als durch die Armenfürsorge) geholfen werden, mit den Mitteln von Recht und Gerechtigkeit, ist für die meisten deutschen Juristen ein kategorischer Imperativ des sittlichen Empfindens. Und daß wir dazu ohne unstatthafte Freirechtlerei in der Lage sind, das verdanken wir der wohltätigen Generalklausel unseres § 242 und der Herzhaftigkeit unseres höchsten Gerichtshofes. ...

Nur ein Bedenken gilt es noch zu zerstreuen: Die Vorschrift über das Leistenmüssen nach Treu und Glauben ist nicht geeignet, das zurückzudrängen, was sich aus Rechtsgeschäft und Einzelbestimmungen des geltenden Rechts ergibt; ...

Aber um solche Zurückdrängung handelt es sich in Wahrheit auch gar nicht. Die Währungsgesetze bleiben in ihrer objektiven Geltung, ihrem grundsätzlichen Vorrang vor § 242 durchaus bestehen. Nur darf der Geldschuldner von den ihm dadurch gegebenen Möglichkeiten keinen Gebrauch machen, der nach Lage des besonderen Falles gegen Treu und Glauben verstößt." (252)

Oertmann macht ein Bekenntnis. Wer bekennt, versucht nicht, durch Argumente zu überzeugen. Ein Bekenntnis ist eine Glaubensfrage. Oertmann bekennt sein Rechtsempfinden. Die ersten Zeilen sind allein vom Gefühl des Verfassers getragen. Er hält

sich selbst für "erregt" und "empört", er ist in seinem "sittlichen Empfinden" betroffen. Oertmann will dieses Gefühl auf den Leser übertragen. Er appelliert an das Gefühl; der Leser soll mitgerissen statt mit Argumenten überzeugt werden. Die emotionale Stimmung unterstützt Oertmann noch durch die Wortwahl. Er steigt in die Höhen der Dichtung und gleitet in die Tiefen der Umgangssprache hinab. Die Opfer der Inflation beklagen "Bitternis" und "Not". Dagegen bezeichnet Oertmann Löschungsbewilligungen als "Papierfetzen" und Banknoten als "Papierlappen". Spekulanten sind für ihn Leute, die "dick in der Wolle sitzen". Sinn dieses Appells an das Gefühl des Lesers ist es, aufzuzeigen, wie unerträglich der durch die Inflation entstandene Zustand ist. Nach Oertmanns Auffassung sind Armut und Reichtum nicht mehr so verteilt, wie es das Gerechtigkeitsempfinden verlangt. Oertmann argumentiert hier ähnlich wie Mügel.[253] Die Geldentwertung habe einen Trennungsstrich durch das Volk gezogen. Dieser verlaufe zwischen den Spekulanten und dem Rest des Volkes, vor allem Beamten, Witwen und Waisen. Hinter diesem Bild stehen dieselben Vorstellungen wie bei Mügel. Der Mittelstand drohe unterzugehen, seine Tugenden würden durch die Inflation gestraft.
Man sollte meinen, daß Oertmann, der sich selbst als strengen Gesetzespositivisten sieht, den von ihm geschilderten Zustand nur bedauern kann, und meint, nur ein neues Gesetz könne Abhilfe schaffen. Doch Oertmann glaubt, dem Mittelstand auch ohne Gesetzesänderung beistehen zu können. Merkwürdig ist allein schon, wenn ein Anhänger des Gesetzespositivismus die Bestimmungen der Währungsgesetze als Phantom abqualifiziert. Die Vermutung liegt nahe, daß Oertmann die Bindung an das Gesetz doch nicht beachtet. Oertmann glaubt, daß die Aufwertung mit Hilfe des geltenden Rechts zu erreichen ist. Die Lösung des Problems sieht er in § 242 BGB. Nach seiner Auffassung stellt diese Norm die verlorene Harmonie zwischen Rechtsempfinden und Gesetz wieder her. Bezeichnend ist der Satz, mit dem Oertmann seine Erläuterung zu § 242 BGB einleitet:

"Nur ein Bedenken gilt es noch zu zerstreuen". Mit diesen Worten legt Oertmann die Funktion der folgenden Argumentation von Anfang an fest. Das vorgefaßte Ergebnis soll nur noch bestätigt werden. An einer Abwägung ist ihm nicht gelegen. Für Oertmann gilt es, Bedenken "zu zerstreuen". Es ist also gerade Aufgabe der Begründung, Zweifel an der vorgefaßten Lösung zu beseitigen.
Zu Anfang referiert Oertmann seine eigene Auffassung zu der Funktion des § 242 BGB in der Rechtsordnung. Nach dieser Lehre tritt diese Norm gegenüber anderen gesetzlichen Bestimmungen stets zurück. Diese Auffassung war damals durchaus herrschend.[254)] Wenn § 242 BGB subsidiär ist, kann dies bei der Aufwertung nur bedeuten, daß die Währungsgesetze vorrangig sind und daher der Zwangskurs rechtlich vorgeschrieben ist. Diese Konsequenz zieht Oertmann jedoch nicht. Statt dessen meint er, in besonderen Fällen müßten Treu und Glauben die Währungsgesetze verdrängen. Es scheint daher so, als ob Oertmann die Auffassung vertritt, § 242 BGB entspreche der exceptio doli generalis. Dann könnte der Zwangskurs in besonderen Fällen außer Kraft gesetzt werden, wenn andernfalls ein Minimum an Ethik, das den Rechtsverkehr beherrschen soll, nicht gewahrt wäre.[255)] Doch auch dieser Lehre folgt Oertmann nicht konsequent. Zwei Absätze zuvor hat er gerade die allgemeine, ganze Volksschichten bedrängende Not geschildert, die der Nennwertzwangskurs mit sich gebracht hat. Wenn Oertmann fordert, der Jurist möge dieser Not abhelfen, geht es gerade nicht mehr um Einzelfälle, wie sie die exceptio doli generalis voraussetzt. Die Argumentation Oertmanns leidet also an zwei Brüchen kurz hintereinander.
Oertmann benutzt das Gesetz nur als Vorwand. Es geht ihm um die Anerkennung der Aufwertung und dabei um die Verwirklichung eines bestimmten sozialen Ideals, das seinem Rechtsgefühl entspricht. Bei ihm ist das Gesetz nicht mehr die Autorität des Richters. Auch er gibt dem Richter keine neue verbindliche Autorität. Damit ist der Richter bei seinen Urtei-

len auf sein eigenes Rechtsgefühl angewiesen. Es steht lediglich fest, daß sich der Richter darum bemühen soll, die sozialen Verhältnisse der bürgerlichen Gesellschaft des Kaiserreichs wiederherzustellen.

5.4.2.5. Zusammenfassung

Unter den Anhängern einer Aufwertung durch Richterspruch finden sich zwei verschiedene Arten der Argumentation. Oertmann versucht, die Aufwertung durch den Richter als dem geltenden Recht entsprechend nachzuweisen. Dabei stützt er sich auf § 242 BGB. Die wirkliche Autorität des Richters ist für ihn in Wahrheit nur das Rechtsgefühl. Es fordert die Aufwertung, damit die sozialen Verhältnisse der Vorkriegszeit zumindest teilweise wiederhergestellt werden.
Die andere Argumentationsweise beruft sich offen auf ein überpositives Recht. Diese Autorität bleibt bei Sontag und Mügel undefiniert. Bei Goldschmidt findet sich ein Rechtsbegriff, der verschwommene Anklänge an naturrechtliche Vorstellungen sucht. Deutlich wird auch bei den Anhängern dieser Auffassung nur, was diese neue Autorität des Richters fordert, nämlich die Aufwertung und damit die Wiederherstellung bestimmter sozialer Verhältnisse.

5.4.2.6. Das Meinungsbild

Die Anhänger einer Aufwertung durch Richterspruch stellen in der Literatur bei weitem die herrschende Meinung dar.[256)] Dabei finden sich, wie sich schon gezeigt hat, zwei verschiedene Argumentationen, mit deren Hilfe der Richter von der Bindung an das Gesetz freigestellt werden soll. Die häufiger vertretene Meinung bemüht sich nachzuweisen, daß das Nennwertprinzip nach den Gesetzen gar nicht mehr in Kraft ist.[257)] Soweit Vertreter dieser Meinung die Zwangskursbestimmungen überhaupt erwähnen, interpretieren sie diese in der gleichen Weise hinweg, wie es das Reichsgericht getan hat.[258)]

Sie verweisen nämlich auf den angeblichen Sinn der "Denkschrift über wirtschaftliche Maßnahmen aus Anlaß des Krieges."[259] Alle Anhänger dieser Meinung leiten die Aufwertung aus den Bestimmungen des BGB her. Meist stützt man sich, wie bei Oertmann und dem Reichsgericht dargestellt,[260] auf § 242 BGB.[261] Einige Autoren meinen, aus § 607 BGB ergebe sich ein Anspruch auf Rückzahlung in Höhe des ursprünglichen Wertes.[262] Andere halten den Schuldner für durch die Inflation ungerechtfertigt bereichert.[263] Bisweilen wird auch aus der Auslegung des Hypothekenbestellungsvertrages gefolgert, daß der Nennwertzwangskurs stillschweigend abbedungen sei.[264] Fast immer bleibt hinter dieser Argumentation die wahre Autorität für den Richter verborgen.
Die seltener vertretene Begründung für eine Aufwertung durch Richterspruch stützt sich auf ein Recht außerhalb des Gesetzes.[265]
Das überpositive Recht wird nicht genau definiert. Ersichtlich ist nur, daß es nicht den Gesetzen entspricht.[266] Einige Autoren bezeichnen dieses Recht als Gewohnheitsrecht,[267] andere als Rechtsgefühl.[268] Zum Teil wird auch die Identität von Recht und Gerechtigkeit unterstellt.[269] Bei allen Anhängern der Aufwertung durch Richterspruch wird lediglich deutlich, was die neue Autorität vom Richter fordert. Sie verlangt, daß er den Mittelstand gegen die Folgen des Nennwertzwangskurses schützt.[270] Er soll daher eine Aufwertung vornehmen, sei es, daß der Gläubiger den Goldwert seines Darlehens zurückerhält,[271] sei es, daß der Inflationsverlust gleichmäßig auf Schuldner und Gläubiger verteilt wird.[272]

6. Ausblick: Die Rückkehr zur Autorität des Gesetzes

Das Problem der Vertragsveränderung löste sich ohne gesetzgeberische Maßnahme im Laufe der Zeit von selbst. Neue Verträge wurden nur noch mit Gleitklauseln abgeschlossen.

Anders dagegen war es mit dem Probelm der Hypothekenaufwertung. Aufgrund des Ermächtigungsgesetzes vom 8. Dezember 1923 [273] erließ die Reichsregierung am 14. Februar 1924 die dritte Steuernotverordnung.[274] Diese Verordnung regelte unter anderem das Problem der Hypothekenaufwertung. Sie gewährte den Gläubigern von Vorkriegshypotheken in der Regel eine Aufwertung in Höhe von 25 % des Goldwertes, wobei dieser Anspruch allerdings auf mehrere Jahre zinslos gestundet werden mußte.

Es fragte sich, wie das Reichsgericht auf diese bescheidene Anerkennung des Aufwertungsanspruchs reagierte. Würden die Richter es wagen, diese Verordnung als gesetzgeberisches Unrecht zu verwerfen? Die Antwort ließ nicht lange auf sich warten. Bereits in einem Urteil vom 1. März 1924 ging es um die Gültigkeit der Aufwertungsbestimmungen der dritten Steuernotverordnung. Das Reichsgericht wendete die Regelungen dieser Verordnung mit der folgenden Begründung an:

> "Diese Lösung weicht allerdings nicht unwesentlich von dem Ergebnis ab, zu dem der jetzt erkennende Senat in dem vorerwähnten Urteile - für die Frage der Aufwertung der hypothekarisch gesicherten Forderungen, noch nicht für die Frage der Aufwertung der dinglichen Belastung - gelangt war. Er hatte dort aus der damaligen Gesetzeslage entnommen, daß für die Zulässigkeit der Aufwertung der Hypothekenforderungen maßgebend sein müsse, was Treu und Glauben mit Rücksicht auf die Verkehrssitte im einzelnen Falle fordern ... Eine solche Prüfung jedes einzelnen Falles, ob und in welcher Höhe eine Aufwertung geboten ist, konnte indessen, wie nicht verkannt werden kann und auch vom Senate nicht verkannt war, ohne gesetzgeberisches Eingreifen, ... zu einer großen Zahl von Rechtsstreitigkeiten führen. ...
>
> Demnach handelt es sich bei der in der 3. StNVO getroffenen Regelung der Hypothekenaufwertung um eine Maßnahme, welche die Reichsregierung 'im Hinblick auf die Not von Volk und Reich für erforderlich und dringend erachtet' hat. Zu einer solchen Maßnahme war sie nach § 1 Satz 1 des Ermächtigungsgesetzes vom 8. Dezember 1923 befugt. Ob die getroffene Regelung zweckentsprechend und

> zur Erreichung des erstrebten Zieles tatsächlich geeignet ist, kann vom Gericht bei der Prüfung ihrer Rechtsgültigkeit nicht untersucht werden." (275)

Derselbe Senat des Reichsgerichts, der das Aufwertungsurteil vom 28. November 1923 verkündet hatte, erkannte nun an, daß die Frage der Hypothekenaufwertung durch den Richter nicht gelöst werden konnte. Das Reichsgericht übt in diesen Zeilen nur wenig verbrämt Kritik an seiner eigenen Entscheidung. Dies legt die Vermutung nahe, daß es auf seinen drei Monate zuvor verkündeten Grundsätzen nicht mehr beharren will. Die folgenden Zeilen des Urteils bestätigen dies. Das Gericht prüft lediglich, ob die Verordnung aufgrund einer gültigen Ermächtigungsgrundlage erlassen worden ist und ob sie sich im Rahmen dieser Ermächtigung hält. Eine materielle Prüfung nimmt es nicht vor. Es kontrolliert nicht, ob die Verordnung gegen § 242 BGB oder irgendein überpositives Recht verstößt. Die Urteilsbegründung hält sich mit solcher Selbstverständlichkeit im Rahmen des Gesetzes, daß es so scheint, als hätte es das Urteil vom 28. November 1923 und die Eingabe des Vorstandes des Richtervereins an die Reichsregierung nie gegeben. Man könnte meinen, bereits nach einem Vierteljahr sei der große Streit um die Autorität für den Richter vergessen. Die Lehre vom Gesetzespositivismus galt scheinbar wieder so, als wäre sie nie in Frage gestellt worden.

7. Die neue undefinierte Autorität des Richters

Die Arbeit hat dargestellt, daß die Juristen mit großer Mehrheit in den beiden großen Rechtsfragen der Inflation die Autorität des Gesetzes für den Richter verwarfen. Es fragt sich, was an die Stelle des Gesetzes trat. Diese neue Autorität wurde nicht definiert. Sie blieb unklar. Es fehlte jede verbindliche Linie oder gar jeder Konsens in den Antworten auf die

Frage nach der Autorität für den Richter. Die Juristen waren sich nur einig, daß man sich in den Fragen der Vertragsveränderung und der Hypothekenaufwertung gegen das Gesetz entscheiden mußte. Somit bedeutete die Abkehr vom Gesetz einen Sprung in eine verschwommene Irrationalität. Es trat - in Bergbohms Terminologie - die Empörung an die Stelle des Gesetzes. Empörung war das einzige, was die Juristen miteinander verband und worin sie sich einig waren.
Daß es zu dieser Empörung kam, ist nicht verwunderlich. Der Schock des unerwartet verlorenen Krieges mit seinen Folgen war zu groß. Die Juristen waren ebensowenig wie das ganze Volk darauf eingestellt, daß plötzlich Milliarden von Kriegslasten durch die Inflation verteilt werden mußten. Diese Situation ließ sich nicht verkraften, ohne daß es zu Gefühlsausbrüchen kam. Die Empörung war eine Flucht aus der Realität, die durch die gesetzlichen Bestimmungen geprägt war. Daß aus dieser Empörung sich keine neue Autorität für den Richter entwickelte, lag an der Tradition des 19. Jahrhunderts. Wie dargestellt, gab es außer der Autorität des Gesetzes nur verschwommene andere Autoritäten, die dem Richter in der Praxis völlige Freiheit in seinen Entscheidungen gewährten. Der Rückgriff auf diese verschwommenen Autoritäten konnte nur in ein undefiniertes Gefühl münden.
Zwei Fragen im Zusammenhang mit dem Richterleitbild in der Aufwertungsproblematik sind noch unbeantwortet. Ungeklärt ist, warum die meisten Juristen dem Gesetz nur verdeckt den Gehorsam aufkündigten und warum sie sich so schnell nach dem Ende der Inflation wieder auf diese Autorität stützten. Die Antwort auf die erste Frage liegt in der Undefinierbarkeit einer neuen Autorität für den Richter. Mit dieser verschwommenen Autorität ließ sich nur schlecht argumentieren. Wie die Texte von Goldschmidt, Sontag und Mügel beweisen, verwickelte man sich notwendig in unlösbare Widersprüche, wenn man die herkömmliche, an der Auslegung von Gesetzen orientierte Argumentationsweise verließ. Dabei erschien es überzeugender, so

zu tun, als ob man an der Autorität des Gesetzes festhielt. Wegen der Verschwommenheit der außerhalb des Gesetzes stehenden Autorität erschien es auch besser, nach dem Ende der Inflation am Gesetzespositivismus festzuhalten. Er ersparte dort langwierige Erörterungen, wo man ohnehin insgesamt mit dem Inhalt der gesetzlichen Regelungen zufrieden war. Die Antwort auf die zweite Frage lag in dem Problem der Macht. Dies hat bereits die Darstellung der Kontroverse zwischen Reichsgericht und Reichsregierung gezeigt. Nur weil sich die Regierung Anfang 1924 keinen Konflikt mit den Richtern erlauben konnte, war dieser Konflikt um das Richterleitbild nicht entschieden worden. Viele Juristen haben von Beginn der Diskussion um die Aufwertung an gewußt, daß sie an der Macht der gesetzgebenden Organe rüttelten. Daher erschien es besser, diesem Problem durch die Behauptung, man lege lediglich die Gesetze aus, aus dem Wege zu gehen.
Als sich dann Anfang 1924 die politische Lage stabilisierte, haben viele Juristen gemeint, daß man den Konflikt mit der Gesetzgebung besser abbrechen solle. Sie erkannten, daß ein starker Staat auch den Gesetzesgehorsam seiner Richter erzwingen konnte.
Die These, daß die Richter davor zurückschreckten, den Konflikt mit der Regierung auf die Spitze zu treiben, bestätigt für das Reichsgericht ein Aufsatz von Lobe, geschrieben zur Fünfzigjahrfeier des Reichsgerichts im Jahre 1929. Adolf Lobe war viele Jahre hindurch Vorsitzender des Richtervereins am Reichsgericht. Die Eingabe des Vorstandes zur Hypothekenaufwertung trägt seine Unterschrift. Lobe erläuterte, daß das Reichsgericht in seinem Aufwertungsurteil sich nicht offen gegen das Gesetz entschieden habe, sondern nur eine "Auslegungsregel" der Währungsgesetze gegeben habe. Den Sinn dieser Argumentation erklärte er so:

> "Die Folge dieser Auffassung war, daß das RG nicht gewagt hat, als später der Gesetzgeber seiner Rechtsprechung nach Billigkeit und

> Rechtsgefühl in die Arme fiel und die freie Aufwertung durch die dritte Steuernotverordnung ... und später durch die Aufwertungsgesetze auf weiten Gebieten ausschaltete und selbst dort die Aufwertung regelte, diese Gesetze, weil sie wider Treu und Glauben verstießen, für ungültig zu erklären." (276)

Wie die Formulierung, der Gesetzgeber sei der Rechtsprechung nach Billigkeit und Rechtsgefühl in die Arme gefallen, zeigt, ist für Lobe das Gesetz nicht identisch mit dem Recht. Er glaubt an ein überpositives, vom Richter anzuwendendes Recht. Wenn das Reichsgericht trotzdem das Gesetz und nicht das Recht anwendet, muß es dafür einen besonderen Grund geben. Dieser findet sich in dem Wort "gewagt". Mit diesem Begriff wird die Machtfrage angesprochen. Die Richter am Reichsgericht fürchteten, daß die Reichsregierung eine Ablehnung der dritten Steuernotverordnung durch die Gerichte nicht dulden würde. Die Antwort des Reichsjustizministers auf die Eingabe hatte, so zurückhaltend sie auch formuliert war, klargestellt, daß die Reichsregierung Gesetzesgehorsam von den Richtern verlangte. Diesem Anspruch haben sich die Richter gebeugt.

8. Das Richterleitbild in der Inflation - ein Unfall in einer ungebrochenen Tradition?

Die schnelle Rückkehr der Richter zur Autorität des Gesetzes veranlaßte Weinkauff zu der Annahme, daß das Richterleitbild in der Aufwertungsfrage nur einen Unfall in einer sonst ungebrochenen positivistischen Tradition darstellte.[277)] Solche Unfälle gibt es jedoch in der Geschichte nicht. Die Empörung in der Aufwertungsfrage hatte ihren Grund in einer einzigartigen Konstellation. Vielleicht schlug die Empörung nie wieder so hohe Wellen wie in dieser Frage. Vielleicht waren die gesetzgebenden Organe später nicht wieder so schwach wie in dieser Situation. Niemals werden jedoch Rechtstheorien, die lange

Zeit geherrscht haben, aus Versehen geändert. Das Richterleitbild in der Aufwertungsfrage war auch kein Unfall in dem Sinne, daß die Juristen nur zufällig eine andere Regelung als die gesetzliche trafen. Die Gesetze waren klar. Man hatte sich lange Jahre strikt an ihren Wortlaut und ihren Sinn gehalten. Hätten die Juristen nicht so genau gewußt, worum es ging, sie hätten nicht so eingehend über diese Fragen diskutiert. In den Jahren 1924 bis 1933 gab es keinen weiteren Fall, in dem sich das Rechtsgefühl der Juristen von der gesetzlichen Regelung so stark unterschied. Sonst hätte es durchaus ein zweites Mal zur Abkehr von der Autorität des Gesetzes kommen können.

9. Das Richterleitbild in der Weimarer Republik und das Verhalten der Juristen am Anfang des Nationalsozialismus

Die Frage aus der Einleitung, weshalb die Juristen 1933 widerspruchslos nationalsozialistische Gesetze anwendeten, läßt sich jedenfalls in einem Punkt klar beantworten. Der Gesetzespositivismus war an dieser Haltung nicht schuld. Wie die Arbeit gezeigt hat, war die Abkehr vom Gesetzespositivismus in den Jahren 1920 bis 1923 von zwei Bedingungen kumulativ abhängig. Eine gesetzliche Regelung mußte die Juristen in ihrem Rechtsgefühl sehr stark verletzen, und die Macht der gesetzgebenden Organe mußte geschwächt sein. Ob die erste Bedingung am Anfang des Nationalsozialismus erfüllt war, mag dahinstehen. Die zweite war es auf keinen Fall. Auf jeden Fall aber war eine Abkehr vom Gesetz für die Juristen trotz der Tradition des 19. Jahrhunderts nicht undenkbar.
Als die Nationalsozialisten die Macht übernahmen, verfügte die Republik noch immer nicht über ein modernes, von allgemeiner Zustimmung getragenes Richterleitbild. Die Republik hatte nicht die Zeit und Kraft gehabt, diese Frage zu Ende zu diskutieren.

Anmerkungen:

[1] von Hippel, S. 128, 162; Schorn, S. 27 ff.;
Weinkauff in Weinkauff-Wagner, S. 29 ff.; Brüggemann, S. 37;
Radbruch, SJZ 1946, S. 107; Hartung, S. 97 f.

[2] Kirchheimer, S. 315; Rosenbaum, S. 66;
Ridder, KJ 1969, S. 126, Fußnote 13; Merten, S. 13

[3] dazu etwa Simon, S. 52 f.

[4] Hattenhauer, Hierarchie, Rdnrn. 279, 282;
Wassermann, S. 22

[5] Hattenhauer, Hierarchie, Rdnr. 19

[6] Weinkauff in Weinkauff-Wagner, S. 29 f., 37 f.;
Schorn, S. 28 ff.; Rüthers, S. 97; Hartung, S. 97 f.

[7] Weinkauff in Weinkauff-Wagner, S. 31

[8] Rüthers, S. 433, 435

[9] Sontheimer, Deutschland, S. 347 ff.;
ders., Denken, S. 79 ff.;
Kübler, AcP 162, S. 127; Kirchheimer, S. 317;
Rosenbaum, S. 91; wohl auch Bracher, S. 174

[10] Sontheimer, Denken, S. 105

[11] Sontheimer, Denken, S. 101 ff.

[12] Kübler, aaO, S. 24; Rosenbaum, S. 90

[13] Ebel, S. 13; Willoweit, JuS 1977, S. 292;
Laufs, Rechtsentwicklungen, S. 3 ff.; Kern, S. 23

[14] Kern, S. 13; Wieacker, Aufstieg, S. 37

[15] Ebel, S. 57; Menger, Rdnrn. 116 ff., 146;
Laufs, Rechtsentwicklungen, S. 123

[16] Montesquieu, S. 225

[17] Montesquieu, S. 215

18) Montesquieu, S. 220

19) § 46 Einl. ALR

20) § 47 Einl. ALR

21) Wieacker, Aufstieg, S. 38 f.

22) Wieacker, Privatrechtsgeschichte, S. 475

23) Wieacker, Aufstieg, S. 34

24) Wieacker, aaO

24a) Wieacker, Privatrechtsgeschichte, S. 475;
ders., Aufstieg, S. 34;
Laufs, Rechtsentwicklungen, S. 34

25) Savigny, Zweck, S. 264

26) Hattenhauer, Thibaut, S. 49

27) Hattenhauer, Thibaut, S. 48 f.

28) zum mittelalterlichen Rechtsbegriff:
Ebel, S. 13; Willoweit, aaO, S. 292; Kern, S. 23

29) Hattenhauer, Thibaut, S. 50

30) Savigny, System, S. 41

31) Hattenhauer, Thibaut, S. 24

32) Hattenhauer, Hierarchie, Rdnr. 170 ff.

33) Savigny, Zweck, S. 264

34) Savigny, Vorschläge, S. 33

35) Diese Konsequenz wird bisweilen nicht erkannt oder sogar geleugnet, etwa von Bergbohm, nach dessen Auffassung Savigny die Verbindlichkeit staatlicher Gesetze stets anerkenne, weshalb dessen Argumentation widersprüchlich sei (S. 513).

[36]Hattenhauer, Thibaut, S. 31

[37]Puchta, S. 32 f.

[38]zur Methodenlehre Puchtas:
Wieacker, Privatrechtsgeschichte, S. 374 ff., 399 ff.;
Larenz, S. 20 ff.; Dilcher, ARS 1975, S. 509

[39]Puchta, S. 37

[40]von Kirchmann, S. 26 f.

[41]zum mittelalterlichen Rechtsbegriff:
Ebel, S. 13; Willoweit, aaO, S. 292;
Laufs, Rechtsentwicklungen, S. 3 ff.;
Kern, S. 23

[42]Hattenhauer, Hierarchie, Rdnr. 415

[43]Kimminich, S. 327

[44]Staatslexikon, S. 728

[45]Hattenhauer, Hierarchie, Rdnr. 221 f.;
Kimminich, S. 297, 327 ff.

[46]Windscheid, Lehrbuch, S. 68 ff.

[47]Hattenhauer, Hierarchie, Rdnr. 486;
ähnlich Wilhelm, S. 14, 159;
vgl. auch Fröhling, S. 133 ff.

[48]Laband, S. 69 f.

[49]Bergbohm, S. 398

[50]Bergbohm, S. 405, Fußnote 22

[51]Hattenhauer, Hierarchie, Rdnr. 435;
Wieacker, Privatrechtsgeschichte, S. 450, 452

[52]Ihering, S. 190, 273 ff.; 330, 345, 399

53) Ihering, S. 285

54) Ihering, S. 320 f.

55) Ihering, S. 323

56) Wieacker, Privatrechtsgeschichte, S. 475;
Laufs, Rechtsentwicklungen, S. 236

57) Wieacker, aaO, S. 469

58) Wieacker, aaO, S. 473

59) zur Kodifikationsidee s.o. S. 17 f.

60) Enneccerus, Lehrbuch, 1909, S. 541; Kiehl, RGRK § 242 1.;
Oertmann, Kommentar, 1. Auflage, § 242 1. und 4.;
Mugdan, S. 521, 1311;
Planck, § 242 2.; Protokolle, Bd. 1, S. 303

61) Dernburg, S. 323 f.

62) Seidl, Rdnr. 124; Kaser, Röm. Privatrecht, § 51

63) Seidl, Rdnrn. 388 f., 442 ff.;
Dulckeit-Schwarz-Waldstein, S. 142;
Kaser, aaO, S. 226

64) Kaser, aaO, S. 131

65) Wieacker, Präzisierung, S. 26 ff.

66) Wieacker, aaO, S. 36

67) ebenso die Rechtsprechung des Reichsgerichts zu Treu und Glauben vor Inkrafttreten des BGB, vgl. Merten, AcP 174, S. 362 ff.

68) Cosack, 1913, S. 342; Planck, § 242 2.;
Oertmann, Kommentar, 3. und 4. Auflage, § 242 1b)

69) Stammler, Recht, S. 36 f.

70) Stammler, aaO, S. 37

71) Stammler, aaO, S. 43

72) Stammler, Recht, S. 48

73) Stammler, aaO, S. 49

74) Stammler, Lehre, S. 116, 118, 120

75) Stammler, Lehre, S. 117 ff., 208 ff.

76) Stammler, Lehre, S. 116, 118, 120, 223; dazu Klug, S. 177

77) Stammler, aaO

78) Stammler, Lehre, S. 198

79) zur Lehre Stammlers:
Wieacker, Privatrechtsgeschichte, S. 589 f.; Larenz, S. 91

80) ähnlich auch Wieacker, Privatrechtsgeschichte, S. 590

81) Stammler, Lehre, S. 208 ff.

82) Stammler, Recht, S. 2 und passim

83) Fuchs, Kulturkampf, S. 138

84) Fuchs, Schreibjustiz, S. 101

85) Fuchs, Gemeinschädlichkeit, S. 213

86) Fuchs, aaO, S. 129

87) a.A. wohl Vallauri, S. 139

88) s. o. S. 23 f.

89) Heck, AcP 112, S. 13

90) Heck, aaO, S. 220

[91] Heck, AcP 112, S. 1, 17

[92] Mitteis-Lieberich, S. 312

[93] Heck, Problem, S. 26

[94] Heck, Problem, S. 40; ders. AcP 112, S. 220

[95] Heck, Problem, S. 26; ders. AcP 112, S. 12

[96] Heck, AcP 112, S. 207

[97] Heck, aaO

[98] Heck, AcP 112, S. 206

[99] Radbruch, Rechtsphilosophie, § 3 Ziff. 8

[100] Radbruch, Grundzüge, S. 183

[101] Anschütz, Art. 102 3.

[102] § 17 des Bankgesetzes vom 30. April 1874, RGBl., S. 40

[103] Art. 3 der Änderung des Bankgesetzes vom 1. Juni 1909, RGBl. S. 515

[104] RGBl. S. 347

[105] RGBl. S. 417

[106] RGBl. S. 327

[107] RGBl. S. 325

[108] Darlehnskassenscheine wurden als Form der Kreditgewährung für die Wirtschaft genutzt. Der Darlehnskassenschein wurde von staatlichen Kassen ausgegeben und mußte von der Reichsbank zum Nennwert gegen Geld eingetauscht werden.

[109] dazu im einzelnen:
Elster, S. 57; Zorn, S. 157; Czada, S. 12 ff.; Stucken, S. 17 ff.; Lütge, S. 538

110) Elster, S. 61 f.

111) Zorn, aaO; Borchardt, S. 697; Stucken, S. 24; Czada, S. 20

112) Czada, S. 17; Elster, S. 101

113) Verh. d. Reichstags, 13 II, 1915, Stenographische Berichte, 306. Band, S. 224

114) Borchardt, S. 697

115) Pedersen, S. 419 ff.

116) aaO

117) Anlage zum Gesetz über die Aufwertung von Hypotheken und anderen Ansprüchen vom 16. Juli 1925, RGBl. 1925, I, S. 117

118) Borchardt, S. 698

119) Borchardt, S. 699 f.

120) aaO

121) Borchardt, S. 701

122) Stolper-Häuser-Borchardt, S. 103; Mann, S. 699; Czada, S. 33

123) Borchardt, S. 701; Laursen und Pedersen, S. 120 f.; Pedersen, S. 429

124) Pedersen, S. 429; Pedersen und Laursen, S. 117 ff.

125) Stucken, S. 46

126) Keynes, S. 192

127) Keynes, aaO

128) Wieacker, Sozialmodell, S. 16

[129] Laufs, Rechtsentwicklungen, S. 231;
Wieacker, Privatrechtsgeschichte, S. 481

[130] Achilles/Greiff, § 133 3.; § 157 3.;
Loewenfeld und Riezler in Staudinger, § 157 3.;
Enneccerus, Lehrbuch, 1909, S. 493

[131] Achilles-Greiff, aaO; Loewenfeld und Riezler, aaO;
Enneccerus, aaO, S. 491 ff.; Cosack, 1913, S. 237

[132] Wieacker, Privatrechtsgeschichte, S. 520

[133] Wieacker, Privatrechtsgeschichte, S. 482;
ders., Sozialmodell, S. 9, 19;
Laufs, Rechtsentwicklungen, S. 235

[134] Protokolle, Band II, S. 690; Motive, S. 199, 315

[135] Protokolle, aaO

[136] Wieacker, Privatrechtsgeschichte, S. 221

[137] aaO, S. 295

[138] aaO, S. 311

[139] Windscheid, Lehre, S. 1

[140] RG JW 1922, S. 481 ff., Urteil vom 22. November 1921

[141] RGZ 86, S. 397 ff.

[142] RGZ 100, 129 ff., 133, 134

[143] insgesamt zur Entwicklung der Rechtsprechung zu diesem Problem:
Rüthers, S. 15 ff.;
RGZ 86, 397 f. (April 1915); 88, 172 ff. (März 1916);
90, 374 f. (Juli 1917); 91, 332 ff. (November 1917);
92, 322 ff. (März 1918)

[144] RGZ 88, 72, 74 f. (März 1916); 90, 102, 104 (März 1917);
92, 87, 89 (Januar 1918); 93, 341 ff. (Februar 1918)

[145] RGZ 94, 45, 47, 49 (Oktober 1918);
94, 68, 70 (Oktober 1918); 98, 18, 20 ff. (Dezember 1919)

[146] dazu Rüthers, S. 18

[147] RGZ 99, 258, 260 (Juli 1920);
100, 134, 137 (Oktober 1920);
101, 79, 81 (Dezember 1920); 102, 272 f. (Juni 1921)

[148] zur clausula s.o. S. 52

[149] Menger, Rdnr. 171; Döhring, S. 306;
Laufs, Rechtsentwicklungen, S. 125;
Wieacker, Privatrechtsgeschichte, S. 250, 257,
Wolf passim

[150] RGZ 101, 74, 77 (Dezember 1920)

[151] RGZ 106, 7, 9 (Januar 1923)

[152] RGZ 100, 134, 137 (Oktober 1920);
101, 79, 81 (Dezember 1920); 102, 272 f. (Juni 1921)

[153] RGZ 100, 134, 137 (Oktober 1920);
103, 177, 179 (November 1921)

[154] RGZ 102, 98, 101 (April 1921)

[155] etwa RGZ aaO

[156] Matthiessen, LZ 1921, Sp. 255

[157] Schneider, DJZ 1922, Sp. 560

[158] Endemann, JW 1921, S. 9 f.

[159] s. o. S. 51

[160] zum Begriff des Naturrechts:
Wolf passim, bes. S. 196 ff., Menger, Rdnr. 171;
Laufs, Rechtsentwicklungen, S. 125;
Wieacker, Privatrechtsgeschichte, S. 257;
Döhring, S. 306

161) Oertmann, Geschäftsgrundlage, S. 37

162) Oertmann, aaO

163) Oertmann, Geschäftsgrundlage, S. 136 f.

164) so Büchmann, S. 253

165) Rosenthal, Folgen, JW 1921, S. 7

166) s.o. zu § 242 BGB, S. 34 f.

167) s.o. S. 38 ff.

168) Fuchs, Recht und Wirtschaft, 1920, S. 237

169) Schäfer, LZ 1920, Sp. 219; Dove, JW 1920, S. 962; Rabel, JW 1922, S. 482 f.; Henle, S. 6; Dessauer, S. 16, 35 ff.

170) Dove, aaO; Rabel, aaO

171) Schäfer, aaO; Dessauer, S. 16

172) Rabel, JW 1921, S. 1598;
ders., DJZ 1921, Sp. 326 (Rabel änderte später seine Auffassung);
Locher, AcP 121, S. 24;
Crome, AcP 115, S. 49;
Plum, JW 1921, S. 51;
Geiler, Geldentwertung und Privatrecht, S. 41, 45;
Fuchs, LZ 1920, Sp. 501, 506;
Leetz, S. 4 ff., 17;
von der Trenck, DJZ 1920, Sp. 713;
Lehmann, H., DJZ 1921, Sp. 95;
Keidel, S. 4;
Weygand, S. 27 ff.;
Simonson, S. 71;
Böckel, Wirkungen, S. 28, 66;
ders., Veränderung, S. 45;
Hachenburg, JW 1920, S. 965;
Brandis, JW 1922, S. 1435;
Rosenthal, LZ 1920, Sp. 431 f.;
ders., LZ 1920, Sp. 940, 944;
ders., Recht und Wirtschaft 1920, Sp. 133;

zu
172) Krückmann, JW 1920, S. 961, 963;
ders., JW 1922, S. 702;
ders., JW 1921, S. 455;
ders., clausula passim.

173) Locher, aaO; Krückmann, aaO

174) Fuchs, LZ 1920, Sp. 506;
Rosenthal, LZ 1920, Sp. 431

175) Geiler, aaO, S. 41

176) Plum, aaO;
Böckel, Veränderung, S. 45;
Brandis, aaO, S. 1434;
Krückmann, clausula passim;
Rosenthal, LZ 1920, Sp. 940;
ders., Recht und Wirtschaft 1920, S. 168;
ders. JW 1920, S. 696;
von der Trenck, aaO.

177) Rosenthal, LZ 1920, Sp. 937, 944;
Simonson, aaO;
Hachenburg, aaO;
Lehmann, H., aaO;
Leetz, aaO;
Weygand, aaO;
Rabel, JW 1921, S. 1597 f.

178) Crome, aaO;
Rabel, DJZ 1921, Sp. 326;
Rosenthal, Recht und Wirtschaft 1920, S. 168;
ders., JW 1920, S. 697;
Keidel, aaO;
Böckel, Wirkungen, S. 28, 66;
Brandis, aaO, S. 1435.

179) RGBl. 1874, S. 40

180) RGBl. 1873, S. 233 ff.

181) RGBl. 1909, S. 515

182) Amtliche Begründung, zitiert nach Breit, S. 66

183) RGBl. 1914, S. 417

[184] Denkschrift, abgedruckt in: Verhandlungen des Reichstags, 13. Legislaturperiode, II. Session, Anlagen zu den Stenographischen Berichten Nr. 26

[185] Denkschrift, aaO

[186] so aber Evers, S. 32

[187] s.o. S. 48 ff.

[188] RGZ 96, 262 ff.

[189] RGZ 96, 262, 265

[190] RGZ 96, 262, 266

[191] s.o. S. 28 f.

[192] RGZ 101, 141, 146 ff.

[193] s.o. S. 81 f.

[194] RGZ 101, 141, 146 f.

[195] RGZ 103, 384 ff.

[196] RGZ 107, 78, 85 f.

[197] RGZ 107, S. 78 ff., 87 f., 91 f.

[198] s.o. S. 28 f.

[199] s.o. S. 84

[200] s.o. S. 80 ff.

[201] RGZ 107, 78, 88

[202] s.o. S. 34 f.

[203] s.o. S. 50, S. 82

[204] Eingabe, DRiZ 1924, Sp. 7

[205] Eingabe, DRiZ 1924, Sp. 7

[206] Menger, Rdnrn. 417, 235 ff.; Kimminich, S. 439

207) Conrad, S. 284 f.; Hommel, Kap. X

208) Hattenhauer, Reichsjustizamt, S. 50

209) Eingabe, DRiZ 1924, Sp. 8

210) Bundesarchiv, R 43, I, 2454, S. 83 ff.

211) Reichsjustizminister, DRiZ 1924, Sp. 40 f.

212) dazu auch Hattenhauer, Reichsjustizamt, S. 53

213) Heiber, S. 116

214) aaO

215) ähnlich Hattenhauer, aaO

216) Nußbaum, Bilanz, S. 48

217) Nußbaum, aaO

218) Smoschewer, DRiZ 1924, Sp. 218 ff.

219) Smoschewer, aaO

220) Smoschewer, DRiZ 1925, Sp. 74 ff.

221) s.o. S. 21 f.

222) s.o. zu Bergbohm S. 30 f., zu Ihering S. 31 ff., zu Radbruch S. 43

223) s.o. S. 25

224) Heck, AcP 122, S. 204

225) Heck, aaO, S. 219 f.

226) s.o. S. 41 f.

227) Heck, AcP 122, S. 220

228) s.o. S. 44

229) Heck, AcP 122, S. 221 f.

230) s. dazu oben S. 41 ff.

231) Heck, AcP 122, S. 222

232) Mitteis, Lehnsrecht, S. 148

233) Mitteis, aaO, S. 538 f.

234) Reichskammergerichtsordnung:
Tit. II, § 1; Tit. XXVI, § 1, 2; Tit. XXVII;
Tit. XXIX, § 1;
zitiert nach Laufs, Reichskammergerichtsordnung

235) Grau, AcP 122, S. 332 ff.;
Geiler, Geldentwertung, S. 47;
ders., Geldentwertung beim Verzug, S. 2 f.;
Walsmann, S. 5 f.;
Cosack-Mitteis, S. 378;
Stoll, AcP 126, S. 182;
Bode, DRiZ 1925, Sp. 147 ff.;
Hedemann, Mitteilungen des Jenaer Instituts für Wirtschafts-Forschung, Nr. 5, 1923, S. 4;
ders., Reichsgericht, S. 348 ff.;
Rümelin, AcP 122, S. 266 ff.;
Matthiessen, DRiZ 1924, Sp. 41 f.;
Sobernheim, JW 1926, S. 2054;
Lehmann, J., Geldentwertung, S. 14;
ders., JW 1924, S. 402 f.;
Henle, S. 16;
Roth, Umwertung, S. 3 ff.;
Nußbaum, Geld, S. 123 ff.;
Wolff, S. 5;
Springer, Bankarchiv, 1922/23, S. 73;

236) Stoll, aaO;
Hedemann, aaO;
Matthiessen, aaO;
Rümelin, aaO, S. 266;
Grau, aaO, S. 344;
Roth, aaO, S. 4, 27;
Nußbaum, aaO, S. 128

237) Goldschmidt, JW 1924, S. 245, 248

238) Dig. 1, 3, 31

239) Kimminich, S. 242; Menger, Rdnr. 116 ff., 146;
Forsthoff, S. 38

240) Ebel, S. 57; Menger, aaO

241) Ebel, S. 13; Willoweit, aaO, S. 292;
Laufs, Rechtsentwicklungen, S. 3 ff.; Kern, S. 23

242) Goldschmidt, JW 1924, S. 248

243) Menger, Rdnr. 302; Forsthoff, S. 150, 153 ff.

244) Mügel, Geldentwertung, S. 11

245) zum Gesetzesbegriff Savignys s.o. S. 19 ff.

246) Mügel, Geldentwertung, S. 11 f.

247) z.B. Sontag, Einfluß, S. 51 ff.;
ders., Hypothekengläubiger, passim;
ders., Rechtsschutz, passim;
ders., JW 1923, S. 907 ff.

248) Sontag, JW 1923, S. 908

249) Oertmann, Aufwertungsfrage, S. 13

250) Oertmann, aaO

251) s.o. S. 68 ff.

252) Oertmann, Aufwertungsfrage, S. 40 f.

253) s.o. S. 115 f.

254) s.o. S. 35

255) s.o. S. 35

256) Fischer, G., DRiZ 1925, Sp. 67;
Fischer, W., S. 408;
Staedel, JW 1924, S. 485 ff.;
Jung, S. 37;
von der Trenck, JW 1923, S. 334;
Abraham, JR 1925, Sp. 234 f.;
ders., DJZ 1926, Sp. 1068;
ders., Geldentwertung, S. 88;
Born, S. 9;
Sontag, Hypothekengläubiger, S. 7, 48;
ders., Einfluß, S. 75;
ders., Rechtsschutz, S. 11, 22, 24

zu

256) Geiler, JW 1923, S. 435;
ders., Geldentwertung und Privatrecht, S. 12
(a.A. noch in: Geldentwertung beim Verzug, S. 2 f., und
Geldentwertung, S. 47);
Griebel, S. 26;
Roth, Geldentwertung, S. 23;
Goldschmidt, Aufwertungskrise, S. 13;
ders., DJZ 1928, Sp. 136;
Manigk, DJZ 1923, Sp. 533 ff.;
Nasse, DRiZ 1925, Sp. 73 f.;
Jacusiel, DRiZ 1925, Sp. 72;
Kreß, S. 147 ff.;
Mügel, Aufwertungsrecht, S. IV;
ders., JW 1923, S. 876;
Rosenfelder, Iherings Jahrbücher, Band 71, S. 297;
Kiefersauer, S. 28;
Michaelis, S. 17 f.;
Springmann, JW 1923, S. 802;
Lohe, JW 1923, S. 452
Best, JW 1923, S. 451;
ders., JW 1923, S. 111;
ders., JW 1922, S. 1671;
ders., DRiZ 1922, Sp. 165;
ders., JW 1923, S. 980 ff.;
Zeiler, JW 1923, S. 109;
Enneccerus, Lehrbuch 1923, S. 299;
Heymann, DJZ 1923, Sp. 213 ff.;
Kleineberg, LZ 1925, Sp. 114 f.;
Sokolowski, LZ 1923, Sp. 251;
Kretschmar, LZ 1923, Sp. 200 ff.;
Marcuse, DRiZ 1922, Sp. 218;
Krückmann, JW 1928, S. 647;
Kipp, JW 1924, S. 404;
Alexander, JW 1923, S. 906 f.;
Oswalt, JW 1923, S. 879;
Stampe, S. 18 ff., 61 ff.;
Unzer, DRiZ 1928, Sp. 9;
Ettinger, S. 115;
Zacharias, JW 1924, S. 86.

257) Oswalt, aaO;
Alexander, aaO;
Best, JW 1923, S. 980 ff.;
ders., DRiZ 1922, Sp. 165;
Kipp, aaO;
Krückmann, aaO;
Marcuse, aaO, Sp. 218 f.;
Kretschmar, aaO;
Sokolowski, aaO;
Kleineberg, aaO, Sp. 114;
Heymann, aaO, Sp. 213;

zu

257) Enneccerus, aaO;
Sontag, Rechtsschutz, aaO;
ders., Einfluß, aaO;
Zeiler, aaO;
Lohe, aaO;
Springmann, aaO;
Mügel, Aufwertungsrecht, aaO;
ders., JW 1923, aaO;
Michaelis, aaO;
Kiefersauer, aaO;
Rosenfelder, aaO;
Kreß, aaO;
Jacusiel, aaO;
Nasse, aaO;
Stampe, aaO;
Fischer, W., aaO.

258) s.o. S. 87 ff.

259) Oswalt, aaO;
Best, JW 1923, S. 982;
ders., JW 1922, S. 1671;
Kretschmar, aaO;
Sokolowski, aaO;
Kleineberg, LZ 1925, Sp. 114 f.;
Enneccerus, aaO;
Sontag, Rechtsschutz, S. 11, 22, 24;
Michaelis, aaO;
Rosenfelder, aaO;
Jacusiel, aaO;
Nasse, aaO, Sp. 73;

260) s.o. S. 85 ff. und S. 120 ff.

261) Kipp, aaO;
Krückmann, aaO;
Best, DRiZ 1922, Sp. 165 (in Verbindung mit § 157 BGB);
ders., JW 1922, S. 1671;
ders., JW 1923, S. 451;
Marcuse, aaO, Sp. 218;
Sontag, Rechtsschutz, S. 11, 22, 24;
Zeiler, aaO (in Verbindung mit § 157 BGB);
Mügel, Aufwertungsrecht, aaO;
ders., JW 1923, S. 876;
Kiefersauer, aaO;
Kreß, S. 149 ff.;
Abraham, Geldentwertung, aaO.

262) Best, JW 1923, S. 111;
Springmann, aaO;
Manigk, aaO, Sp. 535;
Stampe, aaO.

263) Alexander, aaO;
Lohe, aaO.

264) Best, JW 1923, S. 980 f.;
Sokolowski, aaO;
Heymann, aaO, Sp. 213;
Michaelis, S. 17 ff.;
Sontag, Einfluß, aaO;
Fischer, W., aaO.

265) Goldschmidt, Aufwertungskrise, aaO;
ders., DJZ 1928, Sp. 136;
Roth, aaO;
Griebel, aaO;
Geiler, Geldentwertung und Privatrecht, S. 12;
ders., JW 1923, S. 435;
Sontag, Hypothekengläubiger, S. 7, 48;
Born, S. 9;
Abraham, DJZ 1926, Sp. 1068;
ders., JR 1925, Sp. 234 f.;
von der Trenck, aaO;
Jung, aaO;
Fischer, G., DRiZ 1925, Sp. 68;
Staedel, JW 1924, S. 485 f.;
Zacharias, aaO;
Ettinger, S. 115;
Unzer, aaO, Sp. 9.

266) Goldschmidt, Aufwertungskrise, S. 13;
ders., DJZ 1928, Sp. 136;
Jung, aaO;
von der Trenck, aaO;
Griebel, aaO;
(vgl. dazu auch Geiler, Geldentwertung, S. 12).

267) Zacharias, aaO;
Staedel, JW 1924, S. 485 ff.;
Abraham, JR 1925, Sp. 235;
Born, aaO.

268) Geiler, JW 1923, S. 435;
Roth, aaO.

[269] Sontag, Hypothekengläubiger, S. 7, 48;
Fischer, G., DRiZ 1925, Sp. 68.

[270] Geiler, JW 1923, S. 435;
Sontag, Hypothekengläubiger, S. 44;
Born, S. 20 f.;
Best, DRiZ 1922, Sp. 161;
Kretschmar, LZ 1923, Sp. 187;
Heymann, aaO, Sp. 215;
Goldschmidt, JW 1924, S. 246;
ders., Aufwertungskrise, S. 6;
Mügel, Kommentar, S. 12;
ders., Geldentwertung, S. 11.

[271] Abraham, DJZ 1926, Sp. 1068;
Alexander, JW 1923, S. 907;
Enneccerus, aaO;
Griebel, aaO;
Kretschmar, aaO, Sp. 203;
Lohe, aaO;
Marcuse, aaO, Sp. 218;
Mügel, JW 1923, S. 876;
Oertmann, Aufwertungsfrage, S. 50, 54.

[272] Kipp, aaO;
Fischer, G., aaO, Sp. 70;
Best, JW 1923, S. 111;
Springmann, aaO;
Manigk, aaO, Sp. 535;
Stampe, aaO.

[273] RGBl. I, S. 1179

[274] RGBl. I, S. 74

[275] RGZ 107, S. 370 ff.

[276] Lobe, Reichsgericht, S. 254

[277] Weinkauff in Weinkauff-Wagner, S. 31 (s. auch oben S. 12 f.)

Literaturverzeichnis

Abraham, Hans Fritz	Die Aufwertung als revolutionäres Notrecht, JR 1925, Sp. 233 ff.
ders.	Aufwertungskrise, DJZ 1926, Sp. 1065 ff.
ders.	Geldentwertung und Geldaufwertung, in: Roth, Alfons, u.a.: Die Geldentwertung in der Praxis des deutschen Rechtslebens, 1923, S. 83 ff. (Abraham, Geldentwertung)
Achilles, Greiff	Bürgerliches Gesetzbuch, 9. Auflage, 1920
Alexander, Ludwig	Hypotheken und Geldentwertung, JW 1923, S. 906 ff.
Anschütz, Gerhard	Die Verfassung des Deutschen Reiches vom 11. August 1919, 2. unveränderte Auflage, 1921
Bergbohm, Karl	Jurisprudenz und Rechtsphilosohpie, 1. Band, 1892
Best, Werner	Zur Aufwertung von Hypotheken, Industrieobligationen und sonstigen langfristigen Geldforderungen, JW 1923, S. 980 ff.
ders.	Geldentwertung, die Inkonsequenz der Rechtsprechung, JW 1923, S. 451
ders.	Goldforderung und Papiermark, DRiZ 1922, Sp. 161 ff.
ders.	Goldmark und Papiermark; die neueste Stellungnahme des RG, JW 1922, S. 1670 f.

Best, Werner — Richter und Schuldnerwucher, JW 1923, S. 111

Bode — Gesetz oder Rechtsgefühl als Grundlage des Richterspruches, DRiZ 1925, Sp. 142 ff.

Böckel, Fritz — Die Veränderung der Vertragsgrundlagen (clausula rebus sic stantibus), 1922 (Böckel, Veränderung)

ders. — Wirkungen des Krieges auf Rechtsverhältnisse der Elektrizitäts- und Gaswerke, 1918 (Böckel, Wirkungen)

Borchardt, Knut — Wachstum und Wechsellagen 1914 - 1970, in: Handbuch der deutschen Wirtschafts- und Sozialgeschichte, herausgegeben von Hermann Aubin und Wolfgang Zorn, Band 2, 1976, S. 685 ff.

Born, A. — Rechtsschutz für die Opfer der deutschen Geldentwertung gegen eine unsittliche Rechtsordnung, 1927

Bracher, Karl Dietrich — Die Auflösung der Weimarer Republik, 5. Auflage, 1971

Brandis — Zumutbarkeit der Leistung und drohender Ruin, JW 1922, S. 1434 f.

Breit, James — Bankgesetz, 1911

Brüggemann, Dieter — Die rechtsprechende Gewalt, 1962

Büchmann, Georg, u.a.: — Geflügelte Worte, Neue Ausgabe, 1959

Conrad, Hermann — Deutsche Rechtsgeschichte, Band II, 1966

Cosack, Conrad — Lehrbuch des deutschen bürgerlichen Rechts, Erster Band, 6. Auflage, 1913 (Cosack, 1913)

Cosack, Conrad - Mitteis, Heinrich — Lehrbuch des Bürgerlichen Rechts, I. Band, 8. Auflage, 1927 (Cosack - Mitteis)

Crome, Carl — Der Konzessionsvertrag und seine Ausführung im Kriege - Ein Beitrag zur Lehre von der Unerschwinglichkeit der Leistung, AcP 115 (1917), S. 1 ff.

Czada, Peter — Ursachen und Folgen der großen Inflation, in: Aldcroft, Derek, H.; Czada, Peter, u.a.; Finanz- und wirtschaftspolitische Fragen der Zwischenkriegszeit, 1973, S. 9 ff.

Denkschrift — Denkschrift über wirtschaftliche Maßnahmen aus Anlaß des Krieges, abgedruckt in: Verhandlungen des Reichstags, 13. Legislaturperiode, II. Session, Anlagen zu den Stenographischen Berichten Nr. 26

Dernburg, Heinrich — Pandekten, Erster Band, Allgemeiner Teil und Sachenrecht, 7. Auflage, 1902

Dessauer, Friedrich — Die Geldentwertung als Gesetzgebungsproblem des Privatrechts, 1923

Dilcher, Gerhard — Der rechtswissenschaftliche Positivismus, Archiv für Rechts- und Sozialphilosophie, 1975, S. 497 ff.

Döhring, Erich
Geschichte der deutschen Rechtspflege seit 1500, 1953

Dove, Heinrich
Anmerkung zu RG JW 1920, 961, JW 1920, S. 961 f.

Dulckeit, Erhard, Schwarz, Fritz, Waldstein, Wolfgang
Römische Rechtsgeschichte, 6. Auflage, 1975

Ebel, Wilhelm
Geschichte der Gesetzgebung in Deutschland, 2. Auflage, 1958

Eingabe
Hypothekenaufwertung, Eingabe des Vorstandes des Richtervereins an die Reichsregierung vom 8. Januar 1924, abgedruckt in: DRiZ 1924, Sp. 7 f.

Elster, Karl
Von der Mark zur Reichsmark, 1928

Endemann, Friedrich
Preisumsturz und Vertragsbindung, JW 1921, S. 8 ff.

Enneccerus, Ludwig
Lehrbuch des Bürgerlichen Rechts, Erster Band, erste Abteilung, 4. und 5. Auflage, 1909 (Enneccerus, Lehrbuch 1909)

Enneccerus, Ludwig, Kipp, Theodor, Wolff, Martin
Lehrbuch des Bürgerlichen Rechts, Band 1, Einleitung: Allgemeiner Teil, 9. Auflage, 1923 (Enneccerus, Lehrbuch 1923)

Ettinger, Marcus
Aufwertungskampf und Wiederaufbau, 1926

Evers, Hans-Ulrich
Der Richter und das unsittliche Gesetz, 1956

Fischer, Gerhard — Scholastisches oder kopernikanisches Recht?,
DRiZ 1925, Sp. 67 ff.

Fischer, Walter — Die Bindung des Richters an das Gesetz,
1928

Forsthoff, Ernst — Deutsche Verfassungsgeschichte der Neuzeit,
4. Auflage, 1972

Fröhling, Ortrun — Labands Staatsbegriff - Die anorganische Staatsperson als Konstruktionsmittel der deutschen konstitutionellen Staatslehre,
Dissertation Marburg 1967

Fuchs, Ernst — Die Gemeinschädlichkeit der konstruktiven Jurisprudenz,
1909
(Fuchs, Gemeinschädlichkeit)

ders. — Juristischer Kulturkampf,
1912
(Fuchs, Kulturkampf)

ders. — Schreibjustiz und Richterkönigtum,
1907
(Fuchs, Schreibjustiz)

ders. — Soziologie und Konstruktion,
LZ 1920, Sp. 497 ff.

ders. — Vertragstreue und Vertragsorthodoxie,
Recht und Wirtschaft 1920,
S. 236 f.

Geiler, Karl — Die Geldentwertung als Gesetzgebungsproblem des Privatrechts,
1922
(Geiler, Geldentwertung)

Geiler, Karl | Geldentwertung und Privatrecht, in: Roth, Alfons, u.a.: Die Geldentwertung in der Praxis des deutschen Rechtslebens, 1923, S. 31 ff. (Geiler, Geldentwertung und Privatrecht)

ders. | Die Geldentwertung beim Verzug des Geldschuldners, 1923 (Geiler, Geldentwertung beim Verzug)

ders. | Schutz der Hypotheken, JW 1923, S. 434 f.

Goldschmidt, James | Die Anklage gegen das Reichsgericht, DJZ 1928, Sp. 134 ff.

ders. | Die Aufwertungskrise, 1926 (Goldschmidt, Aufwertungskrise)

ders. | Gesetzesdämmerung, JW 1924, S. 245 ff.

Grau, Walter | Rechtsprechung oder Gesetzgebung zur Anpassung des Privatrechts an die veränderten Verhältnisse?, AcP 122 (1924), S. 318 ff.

Griebel, C. | Die Aufwertung von Hypotheken und sonstigen dinglichen Rechten, in: Griebel, Neufeld u.a.: Die Aufwertung 1926, S. 26 ff.

Hachenburg, Max | Anmerkung zu RG JW 1920, 961, JW 1920, S. 965

Hartung, Fritz | Jurist unter vier Reichen, 1971

Hattenhauer, Hans | Zwischen Hierarchie und Demokratie, 1971 (Hattenhauer, Hierarchie)

Hattenhauer, Hans — Vom Reichsjustizamt zum Bundesministerium der Justiz - Stellung und Einfluß der obersten deutschen Justizbehörde in ihrer 100-jährigen Geschichte, abgedruckt in: Vom Reichsjustizamt zum Bundesministerium der Justiz, Festschrift zum 100-jährigen Gründungstag des Reichsjustizamts am 1. Januar 1977, herausgegeben vom Bundesministerium der Justiz, 1977, S. 9 ff. (Hattenhauer, Reichsjustizamt)

ders. (Hrsg.) — Thibaut und Savigny, ihre programmatischen Schriften, Einführung von Hans Hattenhauer, 1973 (Hattenhauer, Thibaut)

Heck, Philipp — Gesetzesauslegung und Interessenjurisprudenz, AcP 112 (1914), S. 1 ff.

ders. — Das Problem der Rechtsgewinnung, 1912 (Heck, Problem)

ders. — Das Urteil des Reichsgerichts vom 28. November 1923 über die Aufwertung von Hypotheken, AcP 122 (1924), S. 203 ff.

Hedemann, Wilhelm Justus — Der Darmstädter Geldentwertungsbeschluß vom 29. März 1923, Mitteilungen des Jenaer Instituts für Wirtschafts-Forschung, Nr. 5, 1923, S. 1 ff.

ders. — Reichsgericht und Wirtschaftsrecht, 1929 (Hedemann, Reichsgericht)

Heiber, Helmut — Die Republik von Weimar, in: Heiber u.a.: Deutsche Geschichte seit dem 1. Weltkrieg, 1971, S. 13 ff.

Henle, Rudolf — Mark gleich Mark?, 1923

Heymann, Ernst — Schutz der Hypothekengläubiger, DJZ 1923, Sp. 211 ff.

Hippel, Fritz, von	Die Perversion von Rechtsordnungen, 1955
Hommel, Karl Ferdinand	Principis Cura Leges, herausgegeben und übersetzt von Rainer Polley, 1975
Ihering, Rudolf, von	Der Zweck im Recht, Erster Band, 5. Auflage, 1916
Jacusiel, Alfred	Ist der Richter berechtigt und verpflichtet, ungerechte Gesetze außer Anwendung zu lassen?, DRiZ 1925, Sp. 71 ff.
Jung, Erich	Das privatrechtliche Wesen des Geldes, 1926
Kaser, Max	Römisches Privatrecht, 6. Auflage, 1968 (Kaser, Röm. Privatrecht)
ders.	Das römische Privatrecht, Erster Abschnitt, 2. Auflage, 1971 (Kaser, Das röm. Privatrecht)
Keidel	Aufwertung nach Bürgerlichem Recht und nach der Dritten Steuernotverordnung, 1925
Kern, Fritz	Recht und Verfassung im Mittelalter, HZ 120, 1919, S. 1 ff.
Keynes, John Maynard	Die wirtschaftlichen Folgen des Friedensvertrages, 1920
Kiefersauer, Fritz	Die Aufwertungsgesetze, 1925
Kiehl, u.a.	Das BGB (Reichsgerichtsrätekommentar), 1. Band, 2. Auflage, 1913 (Kiehl, RGRK)

Kimminich, Otto	Deutsche Verfassungsgeschichte, 1970
Kipp, Theodor	Anmerkung zu RGZ 107, S. 78 ff., Hypothekenaufwertungsurteil, JW 1924, S. 402 f.
Kirchheimer, Otto	Politische Justiz, 1967
Kirchmann, Julius, von	Die Werthlosigkeit der Jurisprudenz als Wissenschaft, 3. Auflage, 1848
Kleineberg	Das hergebrachte Recht und das Aufwertungsproblem, LZ 1925, Sp. 113 ff.
Klug, Ulrich	Juristische Logik, 3. Auflage, 1966
Kreß, Joseph	Die freie Aufwertung, 4. Bearbeitung, 1928
Kretschmar, Paul	Jurisprudenz und Gläubigernot, LZ 1923, Sp. 185 ff.
Krückmann, Paul	Anmerkung zu RG JW 1920, 961, JW 1920, S. 962 ff.
ders.	Anmerkung zu RG JW 1922, 702, JW 1922, S. 704
ders.	Anmerkung zu RGZ JW 1928, 645, JW 1928, S. 646 f.
ders.	Clausula rebus sic stantibus, 1918 (Krückmann, Clausula)
ders.	Clausula rebus sic stantibus, JW 1921, S. 453 ff.

Kübler, Friedrich Karl	Der deutsche Richter und das demokratische Gesetz - Versuch einer Deutung aus richterlichen Selbstzeugnissen, AcP 162 (1963), S. 104 ff.
Laband, Paul	Das Staatsrecht des Deutschen Reiches, 4. Auflage, 2. Band, 1901
Landrecht	Allgemeines Landrecht für die Preußischen Staaten vom 1.6.1794, 2. Auflage, 1794
Larenz, Karl	Methodenlehre der Rechtswissenschaft, 3. Auflage, 1975
Laufs, Adolf	Rechtsentwicklung in Deutschland, 1973 (Laufs, Rechtsentwicklung)
ders.	Die Reichtskammergerichtsordnung von 1555, eingeleitet und herausgegeben von Adolf Laufs, 1976 (Laufs, Reichskammergerichtsordnung)
Laursen, Karsten Pedersen, Jørgen	The German Inflation 1918 - 1923, 1964 (Laursen, Pedersen)
Leetz, Hellmuth	Die Clausula rebus sic stantibus bei Lieferungsverträgen, 1919
Lehmann, Heinrich	Der 99. Band der Entscheidungen des Reichsgerichts in Zivilsachen, DJZ 1921, Sp. 93 ff.
Lehmann, Julius	Anmerkung zu RGZ 107, S. 78 ff., JW 1924, S. 402 f.

Lehmann, Julius — Die Geldentwertung als Gesetzgebungsproblem des Privatrechts, zugleich ein Beitrag zur Frage der Berücksichtigung der Geldentwertung im geltenden Recht, 1922 (Lehmann, J., Geldentwertung)

Lobe, Adolf — Clausula rebus sic stantibus, DJZ 1923, Sp. 128 ff.

ders. — 50 Jahre Reichsgericht, 1929 (Lobe, Reichsgericht)

Locher, Eugen — Geschäftsgrundlage und Geschäftszweck, AcP 121 (1923), S. 1 ff.

Loewenfeld, Theodor / Riezler, Erwin — J. von Staudingers Kommentar zum Bürgerlichen Gesetzbuche und dem Einführungsgesetze, 1. Band, Allgemeiner Teil, 2. Auflage, 1904

Lohe — Darlehnshingabe in Goldmark - Rückzahlung in Papiermark, JW 1923, S. 451 f.

Lütge — Deutsche Sozial- und Wirtschaftsgeschichte, 3. Auflage, 1966

Manigk — Geldentwertung und Zivilrechtsmethodik, DJZ 1923, Sp. 532 ff.

Mann, Golo — Deutsche Geschichte des 19. und 20. Jahrhunderts, 1958

Marcuse — Einfluß der Geldentwertung auf alte Geldforderungen, namentlich unter Berücksichtigung der Hypothekenforderungen, DRiZ 1922, Sp. 216 ff.

Matthiessen — Zur Erklärung des Richtervereins beim Reichsgericht, DRiZ 1924, Sp. 41 f.

ders. — Drohender Vermögensruin als Vertragsauflösungsgrund, LZ 1921, Sp. 253 ff.

Menger, Christian-Friedrich — Deutsche Verfassungsgeschichte der Neuzeit, 1975

Merten, Detlef — Rechtsstaat und Gewaltmonopol, 1975, Recht und Staat, Heft 442/443

Mertens, Hans-Georg — Untersuchungen zur zivilrechtlichen Judikatur des Reichsgerichts vor dem Inkrafttreten des BGB, AcP 174 (1974), S. 333 ff.

Michaelis, Richard — Das Aufwertungsrecht nach den Aufwertungsgesetzen und nach allgemeinem bürgerlichen Recht, 1926

Mitteis, Heinrich — Lehnrecht und Staatsgewalt, 1958, Nachdruck der 1. Auflage 1933 (Mitteis, Lehnrecht)

Mitteis, Heinrich, Lieberich, Heinz — Deutsche Rechtsgeschichte, 13. Auflage, 1974 (Mitteis - Lieberich)

Montesquieu, Charles Louis de Secondat — Vom Geist der Gesetze, übersetzt von E. Forsthoff, Erster Band, 1951

Motive — Motive zu dem Entwurfe eines Bürgerlichen Gesetzbuches für das Deutsche Reich, Band II, Recht der Schuldverhältnisse, 2. Auflage (unverändert), 1896

Mügel, Oskar — Die Frage der Aufwertung der Hypothekenforderung vom Standpunkt des geltenden Rechtes aus, JW 1923, S. 875 ff.

ders. — Geldentwertung und Gesetzgebung, 1923 (Mügel, Geldentwertung)

ders. — Kommentar zur Dritten Steuernotverordnung vom 14. Februar 1924, 1924 (Mügel, Kommentar)

Mügel, Oskar, u.a. — Das gesamte Aufwertungsrecht, 5. Auflage, 1927 (Mügel, Aufwertungsrecht)

Mugdan, B. — Die gesammten Materialien zum Bürgerlichen Gesetzbuch für das Deutsche Reich, II. Band, Recht der Schuldverhältnisse, 1899

Nasse — Ist der Richter berechtigt und verpflichtet, ungerechte Gesetze außer Anwendung zu lassen?, DRiZ 1925, Sp. 73 f.

Nußbaum, Arthur — Die Bilanz der Aufwertungstheorie, 1929 (Nußbaum, Bilanz)

ders. — Das Geld in Theorie und Praxis des deutschen und ausländischen Rechts, 1925 (Nußbaum, Geld)

Oertmann, Paul — Die Aufwertungsfrage bei Geldforderungen, Hypotheken und Anleihen, 1924 (Oertmann, Aufwertungsfrage)

Oertmann, Paul — Die Geschäftsgrundlage - Ein neuer Rechtsbegriff, 1921 (Oertmann, Geschäftsgrundlage)

ders. — Bürgerliches Gesetzbuch, Zweites Buch, Recht der Schuldverhältnisse, 3. und 4. Auflage, 1910 (Oertmann, Kommentar, 3. u. 4. A.)

ders. — Recht der Schuldverhältnisse, Kommentar zum BGB, 1899 (Oertmann, Kommentar, 1. A.)

Oswalt — Die Mark als Wertmesser, JW 1923, S. 877 ff.

Pedersen, Jørgen — Einige Bemerkungen zur deutschen Inflation von 1919 - 1923, Zeitschrift für die gesamte Staatswissenschaft, 1966, (Band 122), S. 418 ff.

Planck, Gottlieb — Bürgerliches Gesetzbuch nebst Einführungsgesetz, 2. Band, 3. Auflage, 1907

Plum — Der Einfluß des Krieges und der Revolution auf schwebende Lieferverträge im Lichte der Rechtsprechung, JW 1921, S. 51 ff.

Protokolle — Protokolle der Kommission für die zweite Lesung des Entwurfs des Bürgerlichen Gesetzbuches, herausgegeben von Achilles, Spahn, Gebhard, Band I, 1897 (Protokolle, Bd. I)

Protokolle — Protokolle der Kommission für die zweite Lesung des Entwurfs des Bürgerlichen Gesetzbuches, herausgegeben von Achilles, Spahn, Gebhard, Band II, 1898 (Protokolle, Bd. II)

Puchta, Georg Friedrich — Cursus der Institutionen, Erster Band, 1841

Rabel, Ernst — Anmerkung zu RG JW 1922, 481, JW 1922, S. 481 ff.

ders. — Anmerkung zu RG JW 1921, 1597, JW 1921, S. 1597 f.

ders. — Die reichsgerichtliche Rechtsprechung über den Preisumsturz - Ein Wort zur Verständigung, DJZ 1921, Sp. 323 ff.

Radbruch, Gustav — Grundzüge der Rechtsphilosophie, 1914 (Radbruch, Grundzüge)

ders. — Rechtsphilosophie, 4. Auflage, 1950, herausgegeben von Erik Wolf (Radbruch, Rechtsphilosophie)

ders. — Gesetzliches Unrecht und übergesetzliches Recht, SJZ 1946, S. 105 ff.

Reichsjustizminister — Der Reichsjustizminister zur Hypothekenaufwertung, DRiZ 1924, Sp. 40 f.

Ridder, Helmut — Zur Verfassungsdoktrin des NS-Staates, KJ 1969, S. 121 ff.

Rosenbaum, Wolf — Naturrecht und positives Recht, Rechtssoziologische Untersuchungen zum Einfluß der Naturrechtslehre auf die Rechtspraxis in Deutschland seit Beginn des 19. Jahrhunderts, 1974

Rosenfelder, Michael — Die zivilrechtliche Bedeutung der Geldentwertung, Iherings Jahrbücher, Bd. 71, S. 237 ff.

Rosenthal, Alfred	Anmerkung zu RGZ JW 1920, S. 961 ff., Folgen und Ausblicke, JW 1921, S. 5 ff.
ders.	Zur rechtlichen Behandlung schwebender Lieferungsverträge, LZ 1920, Sp. 429 ff.
ders.	Erfüllungszwang und konstitutives Urteil, LZ 1920, Sp. 937 ff.
ders.	Die wünschenswerte Fassung der Parteianträge in Prozessen betreffend schwebende Lieferverträge, JW 1920, S. 696 f.
ders.	Vertragstreue - Eine Entgegnung, Recht und Wirtschaft, 1920, S. 167 f.
Roth, Alfons	Die Geldentwertung als Problem der Rechtsfindung, in: Roth u.a.: Die Geldentwertung in der Praxis des deutschen Rechtslebens, 1923, S. 5 ff. (Roth, Geldentwertung)
ders.	Umwertung und Aufwertung, 1927 (Roth, Umwertung)
Rotteck, Karl, von Mittermaier, K.J.M.	Artikel Justiz, in: Das Staats-Lexikon, Encyklopädie der sämmtlichen Staatswissenschaften für alle Stände, herausgegeben von Karl von Rotteck und Karl Welcker, 8. Band, 3. Auflage, 1863
Rümelin, Max	Gesetz, Rechtsprechung und Volksbetätigung auf dem Gebiet des Privatrechts, AcP 122 (1924), S. 265 ff.

Rüthers, Bernd — Die unbegrenzte Auslegung - Zum Wandel der Privatrechtsordnung im Nationalsozialismus, 1968

Savigny, Friedrich Carl, von — System des heutigen Römischen Rechts, 1. Band, 1840 (Savigny, System)

ders. — Vorschläge zu einer zweckmäßigen Einrichtung der Gesetzrevision, zitiert nach Stölzel: Brandenburg-Preußens Rechtsverwaltung und Rechtsverfassung, Band 2, 1888 (Savigny, Vorschläge)

ders. — Über den Zweck dieser Zeitschrift, Zeitschrift für geschichtliche Rechtswissenschaft, Band I, S. 1 ff., 1815, zitiert nach Hattenhauer (Hrsg.): Thibaut und Savigny, Ihre programmatischen Schriften; mit einer Einführung von Hans Hattenhauer, 1973

Schäfer — Werklieferungsvertrag und Revolution, LZ 1920, Sp. 216 ff.

Schneider — Die deutsche Währung und das deutsche Recht, DJZ 1922, Sp. 559 f.

Schorn, Hubert — Der Richter im Dritten Reich, Geschichte und Dokumente, 1959

Seidl, Erwin — Römische Rechtsgeschichte und römisches Zivilprozeßrecht, 3. Auflage, 1971

Simon, Dieter — Die Unabhängigkeit des Richters, 1975

Simonson, A. — Im Kampf für eine gerechte Aufwertung,
in: Großmann, H., Simonson, A., Zeiler, A.:
Im Kampf für eine gerechte Aufwertung,
1924, S. 54 ff.

Smoschewer — Erwiderung,
DRiZ 1925, Sp. 74 ff.

ders. — Ist der Richter berechtigt und verpflichtet, ungerechte Gesetze außer Anwendung zu lassen?,
DRiZ 1924, Sp. 218 ff.

Sobernheim — Besprechung zu James Goldschmidt: Die Aufwertungskrise,
JW 1926, S. 2054

Sokolowski, John — Lieferungsverträge und Markt-Katastrophe,
LZ 1923, Sp. 247 ff.

Sontag, Ernst — Der Einfluß der Geldentwertung auf Hypothekenforderungen und Industrieobligationen,
in: Roth, u.a.: Die Geldentwertung in der Praxis des deutschen Rechtslebens,
1923, S. 51 ff.
(Sontag, Einfluß)

ders. — Hypothekengläubiger und Anleihebesitzer im Kampf um ihr Recht,
1925
(Sontag, Hypothekengläubiger)

ders. — Zur Polemik gegen die Ansprüche der Hypothekengläubiger,
JW 1923, S. 907 ff.

ders. — Der Rechtsschutz der Hypothekengläubiger und Obligationäre gegen die Geldentwertung,
1923
(Sontag, Rechtsschutz)

Sontheimer, Kurt	Antidemokratisches Denken in der Weimarer Republik, 4. Auflage, 1962 (Sontheimer, Denken)
ders.	Deutschland zwischen Demokratie und Antidemokratie, 1971 (Sontheimer, Deutschland)
Springer	Vorkriegshypotheken und Geldentwertung, Bankarchiv 1922/23, S. 71 ff.
Springmann	Mark ist nicht gleich Mark, JW 1923, S. 802
Staedel, E.	Forderungsaufwertung oder Schuldnachlaß der Dritten Steuernotverordnung?, JW 1924, S. 485 ff.
Stammler, Rudolf	Lehre von dem richtigen Rechte, 1902 (Stammler, Lehre)
ders.	Das Recht der Schuldverhältnisse in seinen allgemeinen Lehren, Studien zum Bürgerlichen Gesetzbuche für das Deutsche Reich, 1897 (Stammler, Recht)
Stampe, Ernst	Das Aufwertungsurteil des RG vom 28.11.1923 und mein eigener Kampf für das Recht der Darlehnsgläubiger, 1924
Stoll, Heinrich	Über die Beziehungen der Rechtslehre zur Praxis, AcP 126 (1926), S. 174 ff.
Stolper, Gustav, Häuser, Karl, Borchardt, Knut	Deutsche Wirtschaft seit 1870, 1964 (Stolper - Häuser - Borchardt)

Stucken, Rudolf	Deutsche Geld- und Kreditpolitik 1914 bis 1963, 3. Auflage, 1964
Trenck, von der	Anmerkung zu einem Urteil des Höchsten Gerichtshofs Warschau, JW 1923, S. 332 ff.
ders.	Vertrag und Revolution, DJZ 1920, Sp. 712 ff.
Unzer, von	Was dem deutschen Richter nottut, DRiZ 1928, Sp. 9 f.
Vallauri, Luigi Lombardi	Geschichte des Freirechts, 1971
Walsmann, Hans	Zivilrechtliche Bedeutung der Geldentwertung, 1921
Wassermann, Rudolf	Der politische Richter, 1972
Weinkauff, Hermann, Wagner, Albrecht	Die deutsche Justiz und der Nationalsozialismus - Ein Überblick, 1968
Weygang, Johannes	Geldentwertung und Liefergeschäfte, 1924
Wieacker, Franz	Aufstieg, Blüte und Krisis der Kodifikationsidee, in: Festschrift für Boehmer, 1954, S. 34 ff. (Wieacker, Aufstieg)
ders.	Privatrechtsgeschichte der Neuzeit, 2. Auflage, 1967 (Wieacker, Privatrechtsgeschichte)
ders.	Zur rechtstheoretischen Präzisierung des § 242 BGB, 1956, Recht und Staat, Nr. 193/194 (Wieacker, Präzisierung)

Wieacker, Franz — Das Sozialmodell der klassischen Privatrechtsgesetzbücher und die Entwicklung der modernen Gesellschaft, 1953 (Wieacker, Sozialmodell)

Wilhelm, Walter — Zur juristischen Methodenlehre im 19. Jahrhundert - Die Herkunft der Methode Paul Labands aus der Privatrechtswissenschaft, 1958

Willomeit, Dietmar — Historische Grundlagen des Privatrechts, JuS 1977, S. 292 ff.

Windscheid, Bernhard — Lehrbuch des Pandektenrechts, Erster Band, 4. Auflage, 1875 (Windscheid, Lehrbuch)

ders. — Die Lehre von der Voraussetzung im geltenden römischen Recht, 1854 (Windscheid, Lehre)

Wolf, Erik — Das Problem der Naturrechtslehre - Versuch einer Orientierung, 3. Auflage, 1964

Wolff, Reinhold — Die Goldwertrechnung, 1922

Zacharias — Die Aufwertung von Geldschulden nach geltendem Recht, JW 1924, S. 85 ff.

Zeiler, Alois — Besprechung zu: Dr. Rudolf Henle, Mark gleich Mark, JW 1923, S. 109

Zorn, Wolfgang

Staatliche Wirtschafts- und Sozialpolitik und öffentliche Finanzen 1800 - 1970, in: Handbuch der deutschen Wirtschafts- und Sozialgeschichte, herausgegeben von Hermann Aubin und Wolfgang Zorn, Band 2, 1976, S. 148 ff.

Die Zitierweise ist, soweit erforderlich, im Literaturverzeichnis jeweils in Klammern angegeben.

Printed by
CPI books GmbH, Leck

FSC
www.fsc.org
MIX
Papier | Fördert gute Waldnutzung
FSC® C083411

Kolibri 360 GmbH
Ferdinand-Jühlke-Straße 7
99095 Erfurt, Deutschland
produktsicherheit@kolibri360.de